T0110039

Printed in the United States
By Bookmasters

دليل المقاييس
والاختبارات النفسية والتربوية
الجزء الثالث
مقاييس للمرشدين، المقاييس السلوكية، المقاييس التحصيلية
المقاييس العقلية، المقاييس الأسرية

رقم التصنيف: 370.15
المؤلف ومن هو في حكمه :د. أحمد عبد اللطيف أبو أسعد
عنـوان الكتـاب :دليل المقاييس والاختبارات النفسية والتربوية- الجزء الثالث رقم الإيـداع: 2007/12/3813

الموضوع الرئيسي: الإرشاد التربوي/ علم النفس التربوي / القياس والتقويم / الاختبارات المدرسية / الأطفال/ رعاية الطفولة / التعلم

* تم إعداد بيانات الفهرسة والتصنيف الأولية من قبل دائرة المكتبة الوطنية

الطبعة الثانية

مركز ديبونو لتعليم التفكير

عضو اتحاد الناشرين الأردنيين

عضو اتحاد الناشرين العرب

يطلب هذا الكتاب مباشرة من مركز ديبونو لتعليم التفكير
عمّان- شارع الملكة رانيا- مجمع العيد التجاري - مبنى 320- ط4
هاتف: 962-6-5337003، 962-6-5337029
فاكس: 962-6-5337007
ص. ب: 831 الجبيهة 11941 المملكة الأردنية الهاشمية
E-mail: info@debono.edu.jo
www.debono.edu.jo

دليل المقاييس والاختبارات النفسية والتربوية

الجزء الثالث

مقاييس للمرشدين، المقاييس السلوكية، المقاييس التحصيلية، المقاييس العقلية، المقاييس الأسرية

تأليـف

الدكتور / أحمد أبو أسعد

الناشر

مركز ديبونو لتعليم التفكير

بسم الله الرحمن الرحيم

﴿ قَالُوا سُبْحَانَكَ لَا عِلْمَ لَنَا إِلَّا مَا عَلَّمْتَنَا إِنَّكَ أَنْتَ الْعَلِيمُ الْحَكِيمُ ﴾

صدق الله العظيم

(سورة البقرة: 32)

المحتـــويات

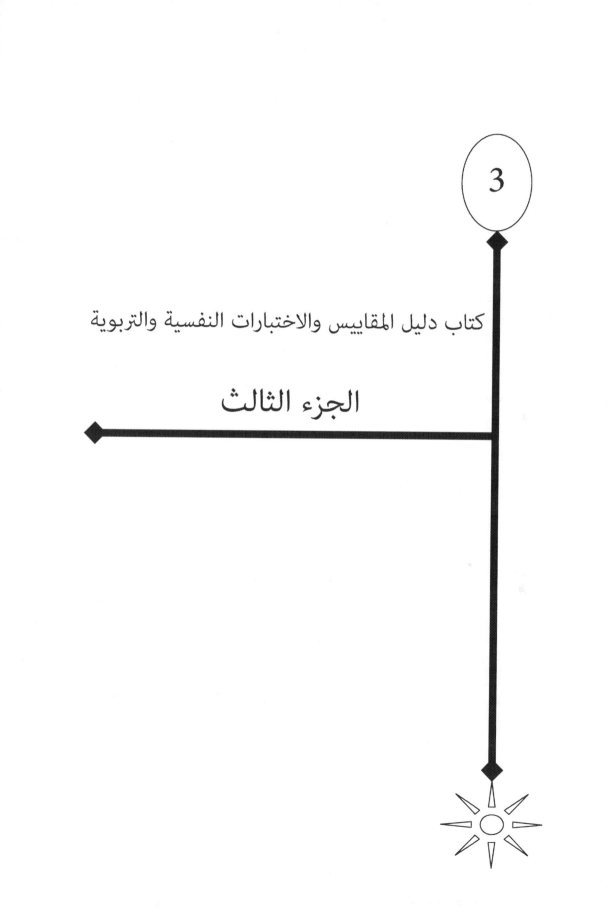

3

كتاب دليل المقاييس والاختبارات النفسية والتربوية

الجزء الثالث

المواضيع التي يتضمنها الجزء:

☞ مقاييس للمرشدين.

☞ المقاييس السلوكية.

☞ المقاييس التحصيلية.

☞ المقاييس العقلية.

☞ المقاييس الأسرية.

المقدمة

مقدمة الطبعة الثانية :

ها نحن نتجه للتطرق لمجموعة أخرى متنوعة من المقاييس والتي لا تقل أهمية عن المقاييس التي سبقتها في الجزئين الثاني والثالث، إن المقاييس الحالية تشمل مجالات مختلفة قام المؤلف بتقسيمها على أساسها وتشمل مقاييس المهارات والتي تتحدث عن أهم المهارات التي يمكن أن يمتلكها الفرد في حياته، ويحتاج لها في تعامله مع الآخرين، ومن أبرز تلك المقاييس مقياس مهارة حل المشكلات ومقياس تنظيم الوقت، ومقياس مهارات الاتصال، ومقياس التعامل مع الضغوط النفسية.

كما يتطرق هذا الجزء لمجال آخر من المجالات المختلفة وهو المجال المهني والذي شمل على مقاييس مختلفة يمكن للأخصائي والتربوي الاستفادة منها ومنها مقياس الميول المهنية واستكشاف الذات والقيم المهنية والتفضيلات المهنية. كما يتطرق هذا الجزء لمجموعة أخرى من المقاييس وهي مقاييس الشخصية والتي تتحدث عن مقاييس من مثل نمط السلوك، ومركز الضبط، وكاتل للشخصية، وإيزنك، ونيو للشخصية، وملامح الشخصية. كما يتطرق لعدد من المقاييس الاجتماعية ومنها مقياس السلوك الاجتماعي المدرسي ومقياس حب الناس والمساندة الاجتماعية والمسؤولية الاجتماعية والذات الاجتماعية.

إن هذا الجزء الثالث يقدم مقاييس تفيد كل من التربويين والأخصائيين والباحثين والطلبة وأولياء أمور الطلبة، وقد روعي عند التحدث عن هذه المقاييس تقديم مقدمة ونبذة عن معظم تلك المقاييس من أجل المساعدة في التعرف على مفاهيم تلك المقاييس، كما روعي أن يتم التطرق لكيفية تطبيق المقياس وتصحيحه وتفسيره حتى يتم التسهيل على القارئ في التعامل مع ذلك المقياس والاستفادة منه بأيسر الطرق .

ولا يسعني وأنا أقدم هذا الجزء الثالث إلا أن أشكر كل من ساهم في بناء أي من تلك المقاييس أو ترجمته أو تعريبه على البيئة العربية، حيث تم اختيار تلك المقاييس لما تتمتع به من مصداقية وثبات، ولأنها تتناول مفاهيم تربوية نفسية اجتماعية حديثة ومهمة، ويمكن أن يستفيد منها الأخصائي بشكل مناسب.

إنني وفي نهاية تقديم تلك الأجزاء الثلاثة من المقاييس أود الإشارة إلى أن هذه المقاييس الموجودة في الأجزاء الثلاثة تشكل بحد ذاتها موسوعة وليست دليلا فقط، ويمكن من خلال اقتناء تلك المقاييس التعامل مع معظم القضايا التربوية والنفسية والاجتماعية والمهنية والسلوكية الحديثة، ولذلك ينصح بقوة باقتناء تلك الموسوعة من المقاييس، وأود القول أنني إن أخطأت في أي مقياس فمن نفسي، وإن أصبت فمن الـلـه سبحانه وتعالى .

المؤلف

مقاييس للمرشديـن

أولاً: مقياس الحاجات الإرشادية للطلبة في المرحلة الأساسية العليا والثانوية

تفيد مقاييس الحاجات المرشد في التعرف على حاجات الطلبة منذ بداية العام الدراسي، حيث يساعده ذلك في عمل الخطة الإرشادية وتوزيع مجالاتها بناء على حاجات الطلبة المختلفة.

لقد تطرق العديد من الباحثين لمفهوم الحاجات بشكل عام والحاجات النفسية بشكل خاص، حيث يرى بتروفسكي في (معجم علم النفس المعاصر، 1996) إلى أن الحاجة هي: (حالة الفرد الناجمة عن احتياجاته للأشياء الجوهرية لوجوده وتطوره، وهي مصدر النشاط البشري، وتؤدي الحاجة إلى حالات شخصية تساعد على التحكم في السلوك وتحديد مجرى التفكير والأحاسيس. وإشباع الإنسان لحاجاته هو في الواقع عملية يكتسب عن طريقها شكلاً معيناً من النشاط يتوقف على التطور الاجتماعي، ويؤدي إشباع الحاجة الأولى إلى حاجات جديدة وتأخذ عملية إشباع حاجات الفرد شكل نشاط هادف؛ فهي تكون مصدراً لفاعلية الشخص (أي قدرة الإنسان على إحداث تغييرات ملائمة اجتماعية في العالم اعتماداً على ما يمتلكه من ثروة ثقافية مادية وروحية).

أما قاموس لونج مان (1986) Long Man فيرى الحاجة أنها: (نقص أو غياب شيء ما ضروري أو مفيد جداً).

كذلك يعرف صالح (1972) الحاجة أنها: حالة لدى الكائن الحي تنشأ عن انحراف أو حيد الشروط البيئية عن الشروط البيولوجية المثلى اللازمة لحفظ بقاء الكائن الحي. وهكذا ترتبط الحاجة بالمحافظة على بقاء الكائن الحي، وتنشأ هذه الحاجة

نتيجة حالة عدم اتزان بين الكائن الحي وبيئته الخارجية ومن ثم يعبر الكائن الحي عن نشاطه لتحقيق حالة الاتزان.

ويتفق كلا من مورفي وهاري مان في (لندري وهوك، 1978) تعريفهما للحاجة أنها: (حالة من الافتقار إلى شيء ما بحيث أنه لو كان موجوداً لتحقق الإشباع). ويؤكد ذلك زهران (1987) حيث يرى أن الحاجة إجرائيا هي الافتقار إلى شيء ما، والحاجة ضرورية إما لاستقرار الحياة نفسها كالحاجات البيولوجية، أو للحياة بأسلوب أفضل كالحاجات النفسية.

كما يرى مان (1987) Mann أن الحاجة تعد في مضمونها مطلب أو رغبة أساسية للفرد يريد أن يحققها ليحافظ بذلك على بقائه وتفاعله مع المجتمع وقيامه بأدواره الاجتماعية. وقد دعم الجمال (1988) هذه التعريف حيث أشار إلى أن الحاجة تنشأ لدى الكائن الحي عند انحراف في الشروط البيولوجية أو السيكولوجية لحفظ بقاء الفرد عن الوضع المتزن المستقر والحالة المثالية، فالحاجة هي حالة من النقص العام أو الخاص داخل الكائن تشمل النواحي النفسية والبيولوجية.

وعند استعراض أبرز الحاجات الإرشادية لدى الأطفال يتبين أنه يمكن وضعها في الأنماط التالية:

- مشكلات جسدية: ترتبط بالمراهق وخاصة في المراهقة الأولى، حيث يعاني المراهقون من مشكلات جسدية عديدة مثل التعب، وحب الشباب، ونمو العضلات.
- مشكلات نفسية: وتتمثل في التردد والسرحان وأحلام اليقظة، وعدم القدرة على تركيز الانتباه، وشدة الانفعالات وعدم القدرة على ضبط الانفعالات، وعدم القدرة على التعبير عن الذات.
- مشكلات مدرسية: تلف الحيرة والتخبط والقلق حياة المراهق من جوانبها كافة، بما

في ذلك طرائقه في معالجة المعلومات، وطرائق الحفظ والاسترجاع، وعدم اهتمام المدرسة والأسرة بآراء الطلبة ومشكلاتهم.

- مشكلات مهنية: وتتعلق هذه المشكلات بصعوبات الالتحاق بالمهنة والدراسة التي يرغبها الطالب، والتخصص الذي يميل إليه في الجامعة، والخوف من البطالة بعد التخرج، وعدم القدرة على اتخاذ القرار المناسب. (جلال وآخرون، 1996)

- مشكلات اجتماعية: وتتعلق هذه المشكلات بتطلع المراهق إلى أن يكون مقبولا من جماعة الرفاق أو الأصدقاء بالسلوك المناسب في المواقف الاجتماعية، وكان من أهمها نقص القدرة في المواقف الاجتماعية، الخوف من مقابلة الناس، الوحدة ونقص الشعبية. (جلال وآخرون، 1996؛ زهران، 1990، ص 501)

- مشكلات أسرية: تتمثل في الخلافات والمشاحنات والصراعات العائلية، والوضع الاقتصادي للأسرة، والتفاوت في الإمكانات المادية بين أسرة وأخرى. ويرى أنصار مدرسة التحليل النفسي أن الصراع مع الأهل في هذه المرحلة من الخصائص النفسية للنمو، ولا بد من أن يواجه المراهق والديه حتى ينمو.(الأشول، 1997، ص 13؛ جلال وآخرون، 1996)

- مشكلات سلوكية: وقد صنفها كيلي(Kelly) والمشار له في الشوارب (1996) إلى ثلاثة مستويات وهي:المشكلات السلوكية البسيطة: ويمكن للمعلم أن يقدم لهم المساعدة من خلال البرامج الإرشادية، المشكلات السلوكية المتوسطة: وهؤلاء يحتاجون إلى مساعدة مختص مثل المرشد، أي أنه بحاجة إلى خدمات إرشادية خاصة، المشكلات السلوكية الشديدة: وتضم الطلبة الذين يعانون من مشكلات سلوكية، ويحتاجون إلى فريق التقييم المختص.

مقياس الحاجات الإرشادية:

فيما يلي مجموعة من العبارات التي تتضمن مشكلات من النوع الذي يعاني منه الطلبة في المدارس عادة، اقرأ هذه العبارة ثم بين إلى أي درجة تعاني من المشكلة التي وردت في العبارة باختيارك إحدى الإجابات التالية:

الرقم	الحاجة الإرشادية	أعاني بشدة	أعاني بدرجة بسيطة	لا أعاني
1-	اتعب بسرعة	2	1	0
2-	أعاني من مشكلة الإبصار	2	1	0
3-	كثيراً ما أعاني من الصداع	2	1	0
4-	أعاني من فقدان الشهية	2	1	0
5-	تنقصني المهارات في الألعاب الرياضية	2	1	0
6-	لا أتناول الغذاء الصحي المناسب	2	1	0
7-	تقلقني التغيرات الجسمية التي تظهر علي	2	1	0
8-	لدي أمراض مزمنة تؤثر علي	2	1	0
9-	لدي مشاكل في النطق	2	1	0
10-	لا اعرف كيف ادرس	2	1	0
11-	كثيراً ما أعاني من الملل داخل الصف	2	1	0
12-	لا افهم ما أقرا بسهولة	2	1	0
13-	أشعر بعدم الرغبة في الدراسة	2	1	0
14-	أعاني من تشتت انتباهي داخل الصف	2	1	0

لا أعاني	أعاني بدرجة بسيطة	أعاني بشدة	الحاجة الإرشادية	الرقم
0	1	2	أخاف من الامتحانات	15-
0	1	2	أنسى كل أو بعض ما أدرسه بسرعة	16-
0	1	2	لا أحل واجباتي بطريقة منظمة	17-
0	1	2	أسعى للغش في الامتحانات	18-
0	1	2	أجد صعوبة في تنظيم وقتي للدراسة	19-
0	1	2	أعاني من السرحان (أحلام اليقظة)	20-
0	1	2	اشعر بالخوف دائماً	21-
0	1	2	تنقصني الثقة بالنفس	22-
0	1	2	لا اعرف كيف اعبر عن نفسي بوضوح	23-
0	1	2	اشعر بالكآبة والحزن باستمرار	24-
0	1	2	يسيطر علي الخجل عندما أكون في جماعة	25-
0	1	2	يُخدش إحساسي بسهولة	26-
0	1	2	يضايقني أنني سريع الغضب	27-
0	1	2	ليس لدي معلومات كافية حول فترة المراهقة	28-
0	1	2	أعاني من كثرة الخلافات الأسرية	29-
0	1	2	أعاني من تدخل والدي أو احدهما في شؤوني الخاصة	30-
0	1	2	يقسو علي والدي بشكل مبالغ به	31-

32-	أشعر بالحرمان من عطف الوالدين	2	1	0
33-	أعاني من عدم احترام والدي لرأيي	2	1	0
34-	لا أستطيع أن أصارح والدي بمشاكلي	2	1	0
35-	أعاني من عجز في تغطية مصروفي اليومي	2	1	0
36-	والدي أو أحدهما يفضل علي أحد إخوتي	2	1	0
37-	لا أعرف كيف أتصرف مع الطلبة الذين يخطئون بحقي	2	1	0
38-	لا أعرف كيف أتعامل مع الجنس الآخر بما يناسب عمري	2	1	0
39-	أعاني من صعوبة في إيجاد أصدقاء	2	1	0
40-	أجد صعوبة في التعبير عن مشاعري للآخرين	2	1	0
41-	أجد صعوبة في توجيه الأسئلة للمعلم	2	1	0
42-	أعاني من ميل شديد إلى العزلة	2	1	0
43-	لا اعرف كيف أتصرف في المناسبات الاجتماعية	2	1	0
44-	أتأخر عن الحضور للمدرسة عادة	2	1	0
45-	أتغيب عن المدرسة بدون عذر مشروع	2	1	0
46-	أتأخر في النوم بشكل معتاد	2	1	0
47-	أرغب في التخلص من المزاح الزائد مع زملائي	2	1	0

-48	أتلفظ بألفاظ غير مقبولة لمن يسيء إلي	2	1	0
-49	أرغب في التخلص من عادة التدخين	2	1	0
-50	أشاهد التلفاز يوميا أربعة ساعات فأكثر	2	1	0
-51	أقضي ساعتين فأكثر يوميا أمام الكمبيوتر أو الانترنت	2	1	0
-52	استخدم أو أتحدث أكثر من ساعة يوميا الهاتف النقال	2	1	0
-53	لا يوجد لدي معلومات عن فرص الدراسة في المستقبل	2	1	0
-54	لا أعرف ما هي المهنة المناسبة لي	2	1	0
-55	لا أعرف كيف اتخذ قراراتي بشكل مناسب	2	1	0
-56	ليس لدي معلومات كافية عن اختيار الفرع الدراسي في العاشر	2	1	0
-57	لا أعرف ميولي واهتماماتي	2	1	0
-58	لا أعرف قدراتي المناسبة للمهن	2	1	0
-59	لا أستطيع تحليل المهنة التي أفكر فيها (مزاياها، عيوبها)	2	1	0
-60	لا أمتلك مهارات حل المشكلات المناسبة في حياتي	2	1	0

(أبو أسعد، 2009)

التصحيح والتطبيق:

لتصحيح المقياس فقد تألف المقياس من 60 فقرة، كلها تعبر عن حاجات لدى الطلبة، ويتكون المقياس من سبعة أبعاد أو مجالات وهي على النحو التالي (المجال الجسمي وتمثله الفقرات 1-9، المجال التحصيلي وتمثله الفقرات 10-19، المجال الانفعالي وتمثله الفقرات 20-28، المجال الأسري وتمثله الفقرات 29-36، المجال الاجتماعي وتمثله الفقرات 37-43، المجال السلوكي وتمثله الفقرات 33-52، والمجال المهني وتمثله الفقرات (53-60). ولأغراض الدراسة فقد تم احتساب الدرجة الكلية على المقياس حيث تراوحت الدرجة الكلية بين (0-120)، ويوصف الطالب الذي تقترب درجته الكلية على المقياس من الحد الأعلى (120) أن لديه حاجات إرشادية متعددة، ومن تقترب درجته من الحد الأدنى (صفر) أنه ليس لديه حاجات إرشادية. والمتوسط هو (60). ويناسب المقياس الطلبة في المرحلة الأساسية العليا والثانوية من عمر (12-18) سنة..

ثانياً: مقياس الحاجات الإرشادية للطلبة في المرحلة الأساسية الدنيا

عزيزي الطالب: بين يديك قائمة تتضمن بعض الحاجات أو المشكلات التي يمكن أن يواجهها الطلبة في مثل سنك، اقرأها بتمعن واجب بـ أوافق أمام العبارة التي تنطبق عليك و بـ لا أوافق أمام العبارة التي لا تنطبق عليك.

الرقم	الفقرة	أوافق	لا أوافق
-1	من الصعوبة أن أكون أصدقاء	1	0
-2	بحس حالي ما بشفق على الضعاف	1	0
-3	شكلي مش جميل	1	0
-4	أنا مش محبوب	1	0
-5	دايما نفسي مش مفتوحة للأكل	1	0
-6	بصيّح أكثير	1	0
-7	أنا مش رياضي	1	0
-8	أنا دايما بحكي بصوت عالي	1	0
-9	أنا مش ذكي	1	0
-10	الآخرين يسبوا علي	1	0
-11	الآخرين بتمسخروا علي	1	0
-12	أنا بسب على الآخرين	1	0
-13	أنا دفش	1	0

الرقم	الفقرة	أوافق	لا أوافق
14-	أنا ضعيف بالدراسة	1	0
15-	ما عندي أصدقاء	1	0
16-	ما بلعب مثل الأولاد	1	0
17-	أنا ما بآخذ مصروف مثل الأولاد	1	0
18-	أنا خجول كثير	1	0
19-	أنا عصبي كثير	1	0
20-	أنا ما بحب الدراسة	1	0
21-	أنا عنيد كثير	1	0
22-	أنا بخجل من منظر جسمي	1	0
23-	أنا شايف حالي شوي	1	0
24-	أنا ما بعمل المطلوب مني في المدرسة	1	0
25-	أنا بخرب دفاتري وكتبي بسرعة	1	0
26-	أنا ما بذكر اللي بدرسه	1	0
27-	أنا دايما مريض	1	0
28-	أنا بتعب بسرعة	1	0
29-	دايما بتلبك لما بحكي	1	0
30-	أنا كثير بغار	1	0

لا أوافق	أوافق	الفقرة	الرقم
0	1	أنا كسلان في المدرسة	31-
0	1	ما بفهم شرح المعلم	32-
0	1	بحس حالي مكروه	33-
0	1	أنا شرس	34-
0	1	إذا بعجبني اللي مع الآخرين بحب أخذه	35-
0	1	مصروفي قليل	36-
0	1	أبي يضربني	37-
0	1	أمي تضربني	38-
0	1	إخوتي يأمرونني كثيرا	39-
0	1	المعلم قاسي علي	40-
0	1	لا اعرف كيف ادرس	41-
0	1	لا يساعدني احد في الدراسة	42-
0	1	لا احد يهتم بواجباتي	43-
0	1	لا احد يهتم بنتائج امتحاناتي	44-
0	1	ما بعرف شو أساوي بوقت فراغي	45-
0	1	ما فكرت بمهنة المستقبل	46-
0	1	ما بعرف احل مشاكلي لحالي	47-

لا أوافق	أوافق	الفقرة	الرقم
0	1	حاسس ما حدا كويس معاي	48-
0	1	بصري ضعيف	49-
0	1	بحس سمعي ضعيف	50-
0	1	بحس حالي بدوخ كثير	51-
0	1	ما بحب أجي على المدرسة	52-
0	1	ما حدا بصحيني الصبح	53-
0	1	اسهر لفترة متأخرة بالليل	54-
0	1	ما بعرف كيف اقضي وقتي بالعطلة	55-
0	1	ما بعرف افرشي أسناني	56-
0	1	ما زلت أتبول على نفسي أحيانا بالليل	57-
0	1	أمص أصبعي بين الفترة والأخرى	58-
0	1	اقضم أظافري	59-
0	1	كثيرا ما أضيع أغراضي	60-
0	1	ما بعرف كيف أتعامل مع كل الأولاد في الصف	61-
0	1	أنا بخاف من بعض أولاد الصف	62-
0	1	ما بعرف اقرأ عربي لغاية الآن	63-
0	1	ما بعرف اقرأ انجليزي مثل الأولاد	64-

الرقم	الفقرة	أوافق	لا أوافق
-65	بجوع بسرعة	1	0
-66	ولا مشارك في نشاط في المدرسة	1	0
-67	بحب أروح للحمام كثير	1	0
-68	بحب أنام كثير	1	0
-69	امزح كثيرا مع أصدقائي	1	0
-70	اشعر بالحزن باستمرار	1	0

طريقة التصحيح والتطبيق:

عدد فقرات المقياس 70 فقرة، تتراوح العلامة بين (0-70) ومن تزيد علامته عن (35) فإن ذلك يدل على وجود حاجات إرشادية لدى الطالب، ويحتاج للمساعدة بها.

عزيزي الطالب الآن يمكنك إضافة أي مشكلة تواجهك ولم تذكر هنا على ظهر الورقة، ليتسنى للمرشد مساعدتك في حلها بالوقت المناسب. (من تجريب وإعداد المؤلف، 2008)

ثالثاً: قائمة رضا المسترشد عن العملية الإرشادية

تفيد هذه القائمة في تعريف المرشد بمدى قدرته على كسب ثقة ورضا المسترشدين عن خدماته التي يقدمها، مما ينعكس إيجابيا عليه في تحسين خدماته في المستقبل والتعرف على الجوانب التي لا يرضاها المسترشدون لتغييرها.

هذه القائمة صممت لقياس الطريقة التي يشعر بها المسترشد حول الخدمة التي قدمت له، وهي ليست اختبارا، فلا توجد إجابة صحيحة وأخرى خاطئة، أجب بحرص ودقة في الفراغ بأحد الخيارات:

الرقم	الفقرة	لم يحدث	بعض الوقت	كل الوقت
1-	الخدمات التي حصلت عليها كانت مساعدة لي بشكل كبير.	0	1	2
2-	الناس هناك حقيقة يبدو أنهم يهتمون بي.	0	1	2
3-	سأعود هناك إذا احتجت للمساعدة ثانية.	0	1	2
4-	أشعر أنه لا يوجد أحد هناك يستمع لي.	2	1	0
5-	الناس هناك يعاملوني كشخص وليس عضو مريض	0	1	2
6-	تعلمت الكثير هناك حول كيف أتعامل مع المشكلات.	0	1	2
7-	المرشدون يريدوا تحقيق أشياء خاصة بهم بدلا من مساعدتي.	2	1	0
8-	أوصي بهذا المكان للآخرين من أجل الذهاب له عند الحاجة.	0	1	2

-9	المرشدون حقيقة يعرفون ما الذي يريدون فعله.	0	1	2
-10	أحصل على نوع من المساعدة هناك التي كنت أحتاجها بشكل حقيقي.	0	1	2
-11	المرشدون يتقبلونني على ما أنا عليه.	0	1	2
-12	أشعر بأنني صرت أفضل مما كنت عليه عندما جئت للإرشاد.	0	1	2
-13	اعتقدت بأنه لا أحد يمكن أن يساعدني حتى جئت لهذا المكان	0	1	2
-14	المساعدة التي أحصل عليها هنا حقيقة تستحق بأن تكافئ	0	1	2
-15	المرشدون يضعون حاجاتي بالأمام على حاجاتهم	0	1	2
-16	المرشدون يقللون من قيمتي عندما لا أتفق معهم	2	1	0
-17	المساعدة الأكبر التي أحصل عليها في الإرشاد هي التعلم حول كيفية مساعدة نفسي	0	1	2
-18	المرشدون حاولوا التخلي عني	2	1	0
-19	الناس الذين يعرفونني أخبروني أن هذا المكان حقق تغيرات إيجابية علي.	0	1	2
-20	المرشدون وضحوا لي إمكانية تلقي المساعدة من أماكن أخرى	0	1	2

-21	المرشدون أبدوا تفهما لمشاعري	0	1	2
-22	المرشدون اهتموا بي فقط لأنني أدفع نقوداً	2	1	0
-23	أشعر أنني يمكن حقيقة أن أتحدث مع ناس مخلصين في الإرشاد	0	1	2
-24	المساعدة التي حصلت عليها هناك هي أفضل مما توقعت	0	1	2
-25	أتطلع لجلسات أخرى مع المرشدين	0	1	2

(Steven, 1994)

طريقة التصحيح والتفسير:

عدد فقرات المقياس (25) فقرة، ويتكون من بعد واحد، وتتراوح العلامة بين (0-50) والمتوسط هو (25)، وإذا كانت علامة المسترشد فوق (25) دل ذلك على رضا حول العمل الإرشادي.

مقاييس سلوكية

فيما يلي مجموعة من المقاييس التي تقيس جوانب سلوكية وتصرفات لدى الآخرين.

أولاً: مقياس توكيد الذات

يشير مفهوم تأكيد الذات إلى خاصية تبين أنها تميز الأشخاص الناجحين، من وجهتي نظر الصحة النفسية والفاعلية في العلاقات الاجتماعية. كان أول من أشار إلى هذا المفهوم وبلوره على نحو علمي، وكشف عن مضامينه، هو العالم الأمريكي سالتر Salter الذي أشار إلى أن هذا المفهوم يمثل خاصية أو سمة شخصية عامة (مثلها مثل الانطواء أو الانبساط)، أي أنها تتوافر في البعض فيكون مؤكدا لذاته في مختلف المواقف، وقد لا تتوافر في البعض الآخر، فيصبح سلبياً وعاجزاً عن توكيد نفسه في المواقف الاجتماعية المختلة، وقد أشار كل من وولبي وسالتر إلى أنماط الاستجابة الثلاثة التالية:

- **استجابة عدم توكيد الذات**: وهذه الاستجابة تظهر عندما يترك الفرد المجال للآخرين ليتخطوا حدوده ويتعدوا على حقوقه.
- **استجابة توكيد الذات:** وهذه الاستجابة تظهر عندما يعبر الفرد عن ذاته بشكل يحترم فيه حقوقه الشخصية وحقوق الآخرين.
- **الاستجابة العدوانية:** وهذه الاستجابة تظهر عندما يقوم الفرد بالهجوم والتعدي على حقوق الآخرين. (Kelly, 1979، الأشهب، 1998)

وإذا ما بحثنا في تعريف توكيد الذات فإننا نجد أن معظم تعريفاته تتفق على العديد من الجوانب المشتركة والتي أبرزها:

- توكيد الذات يتضمن بشكل واضح التعبير عن الذات.

- عندما يتصرف الفرد بشكل مؤكد وبثقة، فإنه يضع باعتباره مشاعر ومصالح الآخرين.

- استجابة الفرد المؤكد هي استجابة صادقة، وتتفق مع ثقافة المجتمع والموقف الذي يعيشه الفرد والناس الذين حوله.

- السلوك المؤكد هو سلوك شخصي يتضمن التعبير عن الأفكار والمشاعر بشكل صادق ومباشر.

- القدرة على ممارسة الحق الشخصي دون الاعتداء على حقوق الآخرين.

- الثقة بالقدرة على الدفاع عن الذات دون قلق وتوتر غير مبرر.

(Rimm&Masters,1979، الخطيب، 1989، ص: 163)

مقياس توكيد الذات Measure of Self-assertion

يتكون المقياس الحالي من الأبعاد التالية:

1- السلوك غير اللفظي Non-Verbal Behavior: هنا الفرد يواجه الموقف ويدلل على الطريقة التي يستطيع بها أن يدافع عن نفسه بطريقة مستقلة، وعندما يكون الشخص مؤكدا لذاته فإنه ينظر بنظرة ثابتة بعيني الآخر، كما يقف بشكل مريح وبأقدام ثابتة، ويتحدث بصوت قوي وبنغمة ثابتة، وتقيسه الفقرات (4-5-11-12-18-19-25-26-32-33)

2- نوع الانفعال المصاحب Emotion Associated: ويقصد به ميل الفرد إلى إدراك والتعامل مع مشاعره كما تحدث، فلا يعطي نفسه حقها في الانفعال، ولا يستعمل ذلك لإنكار حقوق الآخرين، فالتوتر يبقى في المستوى المقبول والمدى البناء، وتقيسه الفقرات (6-7-13-14-20-21-27-28-34-35)

3- اللغة المستعملة عند الاستجابة The Language used when Responding: يستخدم جملا مناسبة ويستطيع التعبير عن نفسه ويقدم المديح والنقد بشكل بناء، وتقيسه الفقرات (1-2-3-8-9-10-15-16-17-22-23-24-28-29-30)

قطعيا	نادرا	أحيانا	غالبا	دائما	الفقرة	الرقم
1	2	3	4	5	لدي القدرة الاجتماعية على الحديث مع الغرباء في المواقف المختلفة	1-
1	2	3	4	5	أحاول سعيا للتعبير عن وجهة نظري	2-
					لا اعرف ما أقوله للأشخاص الذين يعجبونني	3-
1	2	3	4	5	أتقبل النقد والاعتذار عندما يكون مناسبا للموقف	4-
5	4	3	2	1	أتردد في إجراء مكالمات هاتفية لأي غرض من الأغراض حتى لا أحرج الآخرين	5-
1	2	3	4	5	لا أتردد في التعبير عن مشاعري السلبية وبطريقة مناسبة إذا وجه لي أحدهم إهانة أو تحقير	6-
5	4	3	2	1	أغضب بشكل مبالغ فيه عند حديثي مع الآخرين	7-
5	4	3	2	1	أتجنب النقاش حول الأسعار مع البائعين حرصا على مشاعرهم أو خوفا من الإحراج.	8-
1	2	3	4	5	أفصح عن هويتي وأعرف عن نفسي بجرأة	9-
5	4	3	2	1	عندما أقدم تحية للآخرين أتحدث بصوت خافت جدا	10-

1	2	3	4	5	أستطيع إنهاء العلاقة مع الأفراد الآخرين إذا شعرت أنها مؤذية	11-
1	2	3	4	5	أتواصل بصريا مع الآخرين الـذين أتحـدث معهـم بشكل مناسب	12-
1	2	3	4	5	احرص على تجنب إيـذاء مشاعر الآخرين حتـى عندما أشعر بأنه قد جرح مشاعري	13-
5	4	3	2	1	إذا ضايقني قريب أو صديق أو زميل، فإنني أفضل أن اخفي مشاعري بدلاً من أن اعبر عن ضيقي منه.	14-
1	2	3	4	5	عندما أكون في موقـف جديد أستطيع التعبيـر عـن احتياجاتي وبالشكل المناسب	15-
5	4	3	2	1	إذا كنت في نقاش مـع مجموعـة مـن الأفراد فـإنني لا أستطيع التعبير عن وجهة نظري بطريقة لبقة	16-
5	4	3	2	1	إذا كنت في موقف تعليمي فـإنني أتـردد في سؤال المعلم عما لا أفهمه	17-
5	4	3	2	1	أتعامل مع المواقف المحرجة بطريقة عدوانية	18-
1	2	3	4	5	إذا مدحني شخص ما فإني أشكره بالطريقة المناسبة	19-
1	2	3	4	5	إذا أعجبـت بشيء مـا أو شـخص مـا فـإنني أختـار الوقت المناسب للتعبير عن مشاعري	20-

5	4	3	2	1	أشعر بالكره والرغبة في التهجم على الآخرين	21-
5	4	3	2	1	ليس لدي القدرة في تقديم المديح للآخرين بالشكل المناسب	22-
1	2	3	4	5	أستطيع تقديم الشكوى للآخرين عنـدما يسببوا لي الإزعاج والإيذاء بالشكل المناسب	23-
1	2	3	4	5	إذا كان بجانبي اثنان يتحدثان بصوت عـال وأريـد الإنصات أطلـب مـنهما التـزام الهـدوء أو إتمـام محادثتهما في ما بعد.	24-
5	4	3	2	1	أتردد في دعـوة الآخرين لزيارتي أو تنـاول الطعـام عندي بسبب خجلي	25-
5	4	3	2	1	أجد إحراج في إعادة شيء اكتشفت أنه غير مناسب، وكنت قد اشتريه	26-
5	4	3	2	1	أكون لطيفا مع الآخرين ولو على حساب مصـلحتي الذاتية	27-
1	2	3	4	5	اعبر عن مشاعري بصراحة و وضوح.	28-
1	2	3	4	5	أعرف متى أقول: نعم ومتى أقول: لا	29-
5	4	3	2	1	أتردد في المطالبة بحقوقي عندما تكون قليلة جدا، وغير مهمة كباقي أجرة	30-

1	2	3	4	5	أعطي الآخرين حقـوقهم بطريقـة لبقـة ومؤدبـة ولا أعمل على تأجيلها	31-
1	2	3	4	5	إذا وجه لي شخص ما انتقادا فإنني أعرف كيف أتعامل معه بشكل مناسب	32-
5	4	3	2	1	أجـد صعوبة في الحـديث أمـام المسـؤولين عـن موضـوع يخصني وعنـدها قـد يبـدو علـيّ تـردد وحشرجة في الصوت	33-
5	4	3	2	1	الجأ إلى كبت مشاعري بـدلا مـن إظهارهـا حتـى لا أزعج الآخرين	34-
1	2	3	4	5	لدي ثقة بقدرتي على التعبير عما يجول في خاطري	35-

(من إعداد المؤلف ضمن دراسة طولية حول تهيئة المقبلين على الزواج)

طريقة التصحيح والتفسير:

عدد فقرات المقياس هي (35) ويتكون المقياس من ثلاثة أبعاد، وتتراوح العلامة الكلية من (35-175) والمتوسط هو (105) وكلما زادت العلامة عن (105) دل ذلك على امتلاك الفرد للتأكيد الذاتي.

ثانياً: مقياس بيركس لتقدير السلوك **Burks Behavior Rating Scale (BBRS)**

هذا المقياس يفيد في التعرف على السلوكيات المشكلة الموجودة لدى الطلبة وحصر 19 من هذه الأنماط كالإفراط في القلق وفي لوم الذات وضعف القوة الجسمية وضعف قوة الأنا وضعف الشعور بالهوية وضعف في ضبط مشاعر الغضب، ويمكن استخراج الدرجة الفرعية لكل بعد للتعرف على توفر المشكلة لدى الطلبة، ويمكن تطبيق بعد واحد وإخراج النتيجة له.

المؤلف: بيركس Harold F Burks سنة النشر 1975 المراجعة:1980

غرض الاختبار: مسحي Screening للتعرف على الاضطرابات السلوكية

الفئة المستهدفة: يستخدم مع الطلاب في المرحلتين الابتدائية والإعدادية أي في الأعمار 6 إلى 15 سنة.

أهمية المقياس:

تكمن أهمية المقياس في **الفوائد العلمية المتحققة من استخدامه في المجالات التربوية والخدمات النفسية** لتحقيق واحد أو أكثر من الأهداف التالية.

- تحديد أنماط السلوك المضطرب عن الأطفال ذوي اضطرابات السلوك.
- التعرف على جوانب شخصية الطفل الذي يظهر أنماطا سلوكية مضطربة وتحتاج إلى تقويم اشمل وأعمق.
- المساعدة في تحديد البديل التربوي المناسب.
- المساعدة في بناء الخطة التربوية الفردية للطفل ذوي السلوك المضطرب.
- الكشف عن التغير في أنماط السلوك مع الزمن.
- تقويم فعالية البرامج المقدمة للطفل.

أبعاد المقياس:

1- الإفراط في لوم النفس Excessive Self Blame ويعرف بأنه نزعة مبالغ فيها بتحميل النفس مسؤولية أخطاء حقيقية أو متخيلة.وتقيسه الفقرات: 2-5-10-14-21.

2- الإفراط في القلق Excessive Anxiety ويعرف بأنه التعبير القابل للملاحظة عن شعور بالألم أو عدم السرور، وتقيسه الفقرات: (23-33-37-42-49).

3- الانسحابية الزائدة Excessive Withdrawal إظهار عدم الرغبة في الاستجابة الانفعالية للآخرين. وتقيسها الفقرات: 80-86-90-94-98-107.

4- الاعتمادية الزائدة Excessive Dependency المبالغة في إظهار الحاجة للحصول على دعم الآخرين ومساندتهم، وتقيسه الفقرات: 83-87-93-102-105-109.

5- ضعف قوة الأنا Poor Ego Strength كف التعبير عن القدرات بسبب ضعف الثقة بالنفس، وتقيسه الفقرات: 81-88-91-97-101-104-110.

6- ضعف القوة الجسمية Poor Physical Strength عدم القدرة على المحافظة على مستوى الطاقة اللازم للنشاطات الاعتيادية أو عدم القدرة على المشاركة بفعالية في الأنشطة التي تتطلب احتكاكا جسديا بالآخرين. وتقيسه الفقرات: 54-59-64-71-75.

7- ضعف التآزر الحركي Poor coordination عدم القدرة على ضبط العضلات الإرادية وأعضاء الحس في الأنشطة الهامة، وتقيسه الفقرات: 58-62-65-69-62-72.

8- انخفاض القدرة العقلية Poor Intellectual ظهور مؤشرات قابلة للملاحظة تدل على انخفاض مستوى القدرات المعرفية، وتقيسه الفقرات:4-6-9-12-16-18-22.

9- **الضعف الأكاديمي** Poor Achievement عدم قدرة الطفل على النجاح في الموضوعات المدرسية الأساسية، وتقيسه الفقرات:25-29-39-44-51.

10- **ضعف الانتباه** Poor Attention عدم القدرة على استدعاء الأشياء إلى دائرة الوعي وعدم القدرة على الاحتفاظ بها لمدة طويلة، وتقيسه الفقرات: 1-7-11-15-20.

11- **ضعف القدرة على ضبط النشاط** Poor Impulse control عدم القدرة على تأجيل الاستجابات بأسلوب مناسب، وتقيسه الفقرات: 26-31-35-46-52.

12- **ضعف الاتصال بالواقع** Poor Reality contact العجز الشديد عن التقييم الصحيح وعدم الاستجابة المناسبة لمثيرات متطلبات الحياة اليومية، وتقيسه الفقرات:24-27-32-36-40-43-47-50.

13- **ضعف الشعور بالهوية** Poor sense of identity إظهار الرغبة في الاختلاف عن الآخرين، وتقيسه الفقرات: 56-63-68-74-78.

14- **الإفراط في المعاناة** Excessive Suffering التعبير الظاهر عن رغبة داخلية في الفشل أو إيذاء النفس، وتقيسه الفقرات:79-85-89-95-99-103-108.

15- **الضعف في ضبط مشاعر الغضب** Poor Anger Control ضعف القدرة المزمن على ضبط أو كبت كف مشاعر الغضب العارمة، وتقيسه الفقرات: 55-61-67-73-77.

16- **المبالغة في الشعور بالظلم** Excessive Sense of Persecution إحساس غير واقعي ومبالغ فيه بسوء معاملة الآخرين، وتقيسه الفقرات:3-8-13-17-19.

17- **العدوانية الزائدة** Excessive Aggressive الرغبة في إيقاع الأذى بالآخرين من خلال القول أو الفعل تقيسها الفقرات: 82-84-92-96-100-106.

18- **العناد والمقاومة** Excessive Resistance الرغبة في عدم احترام مطالب الآخرين، وتقيسه الفقرات:57-60-66-70-76.

19-   ضعف الانصياع الاجتماعي Poor Social Conformity عدم القدرة على ضبط السلوك الشخصي وفقا للمعايير الأخلاقية المقبولة، وتقيسه الفقرات:28-30-34-38-41-45-48-53.

ملاحظة: (فقرات البعد الواحد ليست متتالية في المقياس)

تعليمات التطبيق والتصحيح:

• يتميز المقياس بسهولة تطبيقه إذ لا يتطلب درجة عالية من التأهيل أو التدريب حيث يستطيع المعلم أو الأخصائي النفسي أو الاجتماعي تطبيقه دون تدريب خاص كما أن الفترة الزمني لتطبيقه قصيرة نسبية (30 دقيقة).

• والمقياس ليس موجها نحو المفحوص نفسه إذ يتم جمع البيانات من شخص ذو ألفة بالمفحوص كالوالدين أو المعلمين ولا حاجة لوضع المفحوص في موقف اختباري

• وعند تطبيق المقياس يجب أن تراعى الاعتبارات التالية:

• أن يكون مصدر المعلومات ذو ألفة بالمفحوص.

• جمع البيانات من مصادر متعدد.

• أن يكون مصدر المعلومات على معرفة بتصحيح وتفسير الاختبار لتجنب اثر الهالة.

• لا داعي لوجود المفحوص أثناء تطبيق الاختبار.

• يقدم مصدر المعلومات أو تقدير يتبادر إلى ذهنه.

تفسير النتائج:

ذات دلالة عالية	دالة	غير دالة	البعد
25-18	17-11	10-5	الإفراط في لوم النفس
25-18	17-11	10-5	الإفراط في القلق
30-22	21-13	12-6	الاستجابة الزائدة
30-22	21-13	12-6	الاعتمادية الزائدة
35-25	24-15	14-7	ضعف قوة الأنا
25-18	17-11	10-5	ضعف القوة الجسدية
25-18	17-11	10-5	ضعف التآزر الحركي
35-25	24-15	14-7	انخفاض القدرة العقلية
25-18	17-11	10-5	الضعف الأكاديمي
25-18	17-11	10-5	ضعف الانتباه
25-18	17-11	10-5	ضعف القدرة على ضبط النشاط
40-29	28-17	16-8	ضعف الاتصال بالواقع
25-18	17-11	10-5	ضعف الشعور بالهوية
35-25	24-15	14-7	الإفراط في المعاناة
25-18	17-11	10-5	الضعف في ضبط مشاعر الغضب
25-18	17-11	10-5	المبالغة في الشعور بالظلم
30-22	21-13	12-6	العدوانية الزائدة
	25-18	17-5 الصف	العناد والمقاومة
40-29	28-17	16-8	ضعف الانصياع الاجتماعي

اسم الطفل: .... اسم المدرسة: ....

تاريخ الميلاد: .... الصف: ....

العنوان: .... الهاتف: ....

الجنس: .... المستوى التعليمي للأب: ....

المستوى التعليمي للأم: .... مصدر المعلومات: ....

إعداد: د. يوسف القريوتي وجلال جرار

لفقرات التالية تصف بعض المظاهر السلوكية لدى الأطفال، يرجى تقدير الطفل على كل فقرة من فقرات المقياس، وذلك بوضع إشارة في المربع المخصص مقابل الدرجة المناسبة

الرقم	الفقرات	التقديرات				
		إطلاقا	نادرا	قليلا	كثيرا	كثيرا جدا
1-	يبدو مشتتاً وغير مستقر فسرعان ما ينتقل من موضوع إلى آخر	1	2	3	4	5
2-	يسأل أسئلة تظهر قلقا على المستقبل	1	2	3	4	5
3-	دائم الشكوى من أن الأطفال الآخرين يضايقونه	1	2	3	4	5
4-	لا يسأل أسئلة	1	2	3	4	5
5-	ينزعج جدا إذا اخطأ	1	2	3	4	5
6-	لا يستطيع أن ينوع في استجاباته	1	2	3	4	5

5	4	3	2	1	غير مثابر وسريعا ما يتشتت انتباهه	7-
5	4	3	2	1	يدعي بأنه مظلوم وحقوقه مهضومة	8-
5	4	3	2	1	يقـوم باسـتجابات (ردود فعـل) غـير ملائـمة للموقف	9-
5	4	3	2	1	يبالغ في تأنيب الضمير إذا اخطأ	10-
5	4	3	2	1	فترة انتباهه لا تتحسن سواء عوقب أم أثيب	11-
5	4	3	2	1	لا يبدي خيالا (ضيق الأفق)	12-
5	4	3	2	1	لا يغفر للآخرين إذا أساؤوا إليه	13-
5	4	3	2	1	ينزعج إذا لم يكن كل شيء في غاية الكمال	14-
5	4	3	2	1	فترة انتباهه قصيرة	15-
5	4	3	2	1	يجد صعوبة في تذكر الأشياء أو الأحداث	16-
5	4	3	2	1	يتهم الآخرين بأشياء لم يفعلوها معه حقيقة	17-
5	4	3	2	1	يبدو الضعف واضحا في مفرداته اللغوية	18-
5	4	3	2	1	يشكو من أن الآخرين لا يحبونه	19-
5	4	3	2	1	لا يتم عملا، إذ يستمر في التنقل مـن عمـل إلى آخر	20-
5	4	3	2	1	يلوم نفسه إذا لم تسر الأمور كما يحب	21-

5	4	3	2	1	غير منطقي في حكمه على الأشياء	22-
5	4	3	2	1	يظهر مخاوف كثيرة	23-
5	4	3	2	1	يحكي قصصا غريبة ولا معنى لها	24-
5	4	3	2	1	يظهر ضعفا في القراءة	25-
5	4	3	2	1	يتهيج بسرعة	26-
5	4	3	2	1	لغته غير مفهومة	27-
5	4	3	2	1	لا يهتم بردود فعل الآخرين ويفعل ما يحلو له	28-
5	4	3	2	1	يقع في أخطاء إملائية عندما يكتب	29-
5	4	3	2	1	يكذب	30-
5	4	3	2	1	حركته زائدة	31-
5	4	3	2	1	يبدو شارد الذهن مستغرقا في أحلام اليقظة	32-
5	4	3	2	1	يبدو متوترا ومتضايقا	33-
5	4	3	2	1	لا يفي بوعوده	34-
5	4	3	2	1	يثور بسرعة ويقوم بأعمال غير متوقعة	35-
5	4	3	2	1	يظهر على وجهه حركات لا إرادية ودون سبب ظاهر	36-

5	4	3	2	1	يعتريه القلق كثيرا	37-
5	4	3	2	1	يستولي على ممتلكات غيره	38-
5	4	3	2	1	يبدو ضعيفا في إتباع التعليمات الأكاديمية	39-
5	4	3	2	1	يضحك في سره ويكلم نفسه	40-
5	4	3	2	1	قليل الاحترام للسلطة وللمسؤولين	41-
5	4	3	2	1	يحمر (يتورد) وجهه بسهولة	42-
5	4	3	2	1	يداوم على هز جسمه باتجاه معين	43-
5	4	3	2	1	يكتب مهماته المدرسية بشكل غير منتظم	44-
5	4	3	2	1	يتأخر عن الدوام المدرسي	45-
5	4	3	2	1	متهور ولا يضبط نفسه	46-
5	4	3	2	1	رسوماته لا تتفق مع الواقع	47-
5	4	3	2	1	يقوم بأعمال طائشة وغير مقبولة	48-
5	4	3	2	1	يبدو عصبيا	49-
5	4	3	2	1	لا يعي ما يدور حوله	50-
5	4	3	2	1	لا يقوم بأداء واجباته المدرسية أو يؤديها غير مكتملة	51-

5	4	3	2	1	عندما ينفعل لا يضبط نفسه(كأن يصرخ أو يقفز من كرسيه)	52-
5	4	3	2	1	يتغيب عن المدرسة دون عذر مقبول	53-
5	4	3	2	1	يتحاشى الاحتكاك الجسمي أثناء اللعب ويتجنب الألعاب الخشنة	54-
5	4	3	2	1	سريع الغضب	55-
5	4	3	2	1	يتعمد أن يكون معارضا	56-
5	4	3	2	1	عنيد وغير متعاون	57-
5	4	3	2	1	يواجه صعوبة في حمل الأشياء	58-
5	4	3	2	1	يتعرض للإصابة (يؤذي نفسه) أثناء اللعب	59-
5	4	3	2	1	يرفض إتباع التعليمات والقواعد ويتمرد عند محاولة ضبطه	60-
5	4	3	2	1	يغضب إذا طلب منه القيام بعمل ما	61-
5	4	3	2	1	يظهر عدم تناسق في أداء النشاطات والحركات العضلية الكبيرة	62-
5	4	3	2	1	يميل إلى ألعاب الجنس الآخر	63-
5	4	3	2	1	يتعب بسرعة	64-

5	4	3	2	1	خطه ضعيف وغير متناسق	65-
5	4	3	2	1	ينكر مسؤوليته عن أفعال قام بها	66-
5	4	3	2	1	يحبط ويفقد القدرة على ضبط انفعالاته بسرعة	67-
5	4	3	2	1	يفضل أن يكون وحيدا	68-
5	4	3	2	1	رسـوماته غـير متناسـقة وتلوينـه للأشـكال غـير متقن	69-
5	4	3	2	1	لا يقبل توجيهات الآخرين ويصر عـلى استخدام أسلوبه عند القيام بعمل ما	70-
5	4	3	2	1	لا يشارك الآخرين في الألعاب الخشنة	71-
5	4	3	2	1	متعثر في مشيه إذ يصطدم بـالآخرين أو بالأشـياء من حوله	72-
5	4	3	2	1	ينفجر غضبا تحت تأثير الضغوطات	73-
5	4	3	2	1	لا يتقبل زملاءه ويعبر عن ذلك بطريقة عدائية	74-
5	4	3	2	1	يبدو خاملا وثقيل الحركة	75-
5	4	3	2	1	لا يتقبل اقتراحات من الآخرين	76-

5	4	3	2	1	ينفجر غضبا على زملاءه إذا ضايقوه في مـزاحهم أو دفعوه بأيديهم	77-
5	4	3	2	1	يتعمد أن يكون سلوكه مختلفا عن الآخرين	78-
5	4	3	2	1	عبوس الوجه مقطب الجبين	79-
5	4	3	2	1	يصعب فهمه أو التودد إليه	80-
5	4	3	2	1	لا يثق بقدراته ويقلل من شأنه	81-
5	4	3	2	1	يسر عندما يرى غيره في مأزق	82-
5	4	3	2	1	يعتمد على الآخرين وينقاد لهم	83-
5	4	3	2	1	يضرب ويدفع الآخرين	84-
5	4	3	2	1	يبدو غير سعيد	85-
5	4	3	2	1	لا يتعاطف مع الآخرين في حزنهم	86-
5	4	3	2	1	خنوع، مبالغ في الطاعة	87-
5	4	3	2	1	يشعر بالرضا تجاه أداءه الضعيف	88-
5	4	3	2	1	يرغب في عقاب الآخرين له	89-
5	4	3	2	1	ينسحب بسرعة من النشاطات الجماعية بحيث يفضل أن يعمل بمفرده	90-
5	4	3	2	1	يتجنب المواقف التي تتضمن منافسة	91-

5	4	3	2	1	لا يرضى إلا أن يقوم بدور القائد للآخرين	92-
5	4	3	2	1	يقاد ويذعن لغيره بسهولة	93-
5	4	3	2	1	خجول	94-
5	4	3	2	1	يتعمد وضع نفسه في مواقف تستدعي الانتقاد	95-
5	4	3	2	1	يسخر من الآخرين	96-
5	4	3	2	1	إذا فشل فمن السهل أن يحبط ولا يحاول مـرة أخرى	97-
5	4	3	2	1	يصعب التعرف علـى مشاعره لكونـه لا يظهـر مشاعر نحو الآخرين	98-
5	4	3	2	1	يظهـر نفسـه بمظهـر المغلـوب علـى أمـره (يتمسكن)	99-
5	4	3	2	1	يغيض ويضايق الآخرين	100-
5	4	3	2	1	يتصرف بسخافة	101-
5	4	3	2	1	يتكل على غيره في أداء الأعمال التـي يفتـرض أن يقوم هو بها	102-
5	4	3	2	1	شديد الحساسية، تؤذى مشاعره بسهولة	103-

5	4	3	2	1	يبدو قليل الثقة بنفسه	104-
5	4	3	2	1	شديد التعلق بالكبار(الراشدين) إذ من الصعب أن يفارقهم	105-
5	4	3	2	1	يخدع الأطفال الآخرين ويحتال عليهم	106-
5	4	3	2	1	لا يظهر اهتماما بأعمال غيره من الأطفال	107-
5	4	3	2	1	يبدو مكتئبا	108-
5	4	3	2	1	يبحث عن التشجيع والمديح باستمرار	109-
5	4	3	2	1	يحاول جذب انتباه زملاءه عن طريق التهريج	110-

(القريوتي وجرار، 1987)

ثالثاً: مقياس التمرد للعالم ليكرد

يظهر هذا المقياس مدى التمرد والعناد لدى الطلبة ويستخدم خاصة للمراهقين، حيث يتكون من 28 فقرة موزعة على بعدين وهما:

- مجال التمرد السلوكي، وتقيسه الفقرات: 2، 3، 4، 5، 6، 7، 10، 11، 12، 14، 16، 18، 20، 21، 22، 23، 24، 26، 27.
- مجال التمرد اللفظي،. وتقيسه الفقرات:1، 8، 9، 13، 15، 17، 19، 25.

الرقم	الفقرة	لا أوافق بشدة	لا أوافق	أوافق	أوافق بشدة
-1	إذا قدم لي شيء وكان غير مناسب فإني أحاول التعبير عن عدم تقبلي لذلك الشيء علناً	1	2	3	4
-2	اشعر بالاستياء ممن هم في موقع السلطة عندما يحاولون الطلب مني بالقيام بعمل ما	1	2	3	4
-3	غالباً لا أثق بمن هم موجودون في موقع السلطة أو المسؤولية	1	2	3	4
-4	استمتع برؤية شخص ما وهو يقوم بعمل شيء مسيء للآخرين	1	2	3	4
-5	أحاول مقاومة من يعمل على التقليل من شخصيتي	1	2	3	4
-6	اشعر بسعادة بالغة كلما سمحت لي الفرصة بدفع غير الراغبين بعمل لا يرغبون به	1	2	3	4

-7	أكون من الأفضل أن املك شيء مجانا غالباً بدلا من أداء عمله	1	2	3	4
-8	استمتع كثيراً بالجدال مع الآخرين	1	2	3	4
-9	اشعر إنني لا اقتنع بسهوله بما يطرحه الآخرين من نقاشات عامه	1	2	3	4
-10	إذا طلب مني القيام بعمل شيء غالباً ما أقوم بعكس ما يطلب مني	1	2	3	4
-11	لا أخاف من مخالفتي للآخرين في أدائهم	1	2	3	4
-12	اشعر بالضيق عندما أرى أن شرطي المرور صاحب سلطة يجبر الآخرين على القيام بعمل ما	1	2	3	4
-13	لا يزعجني تغيير خططي عندما يريد احد أفراد مجموعتي عمل شيء مغاير	4	3	2	1
-14	لا أمانع في ما إذا طلب مني الآخرون القيام بأي عمل	1	2	3	4
-15	لا شيء يثيرني كما تثيرني المجادلات السليمة	1	2	3	4
-16	إذا طلب احد معروف أتروى وأنفذه	4	3	2	1
-17	لا احتمل محاولات الآخرين في إقناعي	1	2	3	4
-18	غالبا لا اتبع نصائح الآخرين واقتراحاتهم	1	2	3	4

-19	أنا متعند في رأيي	1	2	3	4
-20	أرى أنـه مـن المهـم أن أكـون في موقـع قـوّة بالنسـبة للآخرين	1	2	3	4
-21	أنا غير منفتح لتقبل حلول مختلفة من قبل الآخرين	1	2	3	4
-22	استمتع بالوقوف ضدّ من يعتقد أنه على حق	1	2	3	4
-23	اعتبر نفسي منافساً لا متعاوناً	1	2	3	4
-24	أُحـب مسـاعدة الآخـرين حتـى دون أن اعـرف لمـاذا أساعدهم	4	3	2	1
-25	غالباً لا أميل إلى الأخذ بنصائح الآخرين	1	2	3	4
-26	أنا عنيد جداً في أسلوبي	1	2	3	4
-27	أنه من غير المهم لي أن اجعل العلاقة جيدة مع الـذين اعمل معهم	1	2	3	4

مصطفى (2001)

طريقة التصحيح والتفسير:

تتراوح الدرجة للمقياس (27) كحد أدنى من التمّرد و (108) كحد أعلى من التمرد عند المراهقين، والمتوسط هو (68) وكلما زادت العلامة عن ذلك دل على مستوى مرتفع من التمرد.

رابعاً: قائمة السلوك الاندفاعي

يميل الناس إلى التصرف والتفكير والكلام إما بطريقة اندفاعية أو تأملية أو عادية، وكلما كان الفرد أكثر تأملا أو أكثر اندفاعا، أثر عليه ذلك بطريقة سلبية، وهذا المقياس يبين مدى التسرع الذي يظهره الطلبة، وتصرفهم دون تفكير، لمساعدتهم في مرحلة لاحقة على التخلص من هذا السلوك.

بين مدى تطابق المواقف التالية معك في حياتك اليومية:

الرقم	العبارات	أبداً	قليلاً	أحياناً	غالباً	دائماً
1-	هل تجد نفسك متسرعا في حديثك؟	1	2	3	4	5
2-	هـل تسـتعجل الآخـرين في حـديثهم مـن خـلال مقاطعتهم أو تكملة كلامهم؟	1	2	3	4	5
3-	هل تكره الوقوف في طابور؟	1	2	3	4	5
4-	هل تجد وقتك غير كافي لانجاز أعمالك؟	1	2	3	4	5
5-	هل تكره تضييع الوقت؟	1	2	3	4	5
6-	هل تأكل بسرعة؟	1	2	3	4	5
7-	هل تتخطى السرعة المحددة في سياقتك؟ أو مشيك	1	2	3	4	5
8-	هل تحاول أن تفعل أكثر من عمل واحد في نفس الوقت؟	1	2	3	4	5
9-	هل تفقد صبرك في حالة قيام الآخرين بعملهم يبطئ	1	2	3	4	5
10-	هل تجد أن وقتك ضيق حتى لقليل مـن الاسـترخاء أو التمتع بيومك؟	1	2	3	4	5

5	4	3	2	1	هل التزاماتك فوق طاقتك؟	11-
5	4	3	2	1	هل تهز ركبتيك أو تنقر بأصابعك؟	12-
5	4	3	2	1	هل تفكر في أشياء أخرى أثناء حديثك؟	13-
5	4	3	2	1	هل تسرع الخطى أثناء المشي؟	14-
5	4	3	2	1	هـل تكـره أن تضـيع الوقت بعد تنـاول وجبـة الطعام؟	15-
5	4	3	2	1	هل تصبح في حالة غير مريحـة بعـد تنـاول وجبـة الطعام؟	16-
5	4	3	2	1	هل تكره الخسارة في الرياضة؟	17-
5	4	3	2	1	هل تجد نفسك مشدودا عضليا باستمرار؟	18-
5	4	3	2	1	هل تركيزك يتبدد بينما تفكر فيما سيحدث؟	19-
5	4	3	2	1	هل شخصيتك تنافسية؟	20-

مقتبس من:

Truch, S. (1980).Teacher Burnout Nomato, CA: Academic Therapy Publications

تصحيح وتفسير المقياس:

يدل مجموع الدرجات على (20-60) اندفاع عادي يماثل سلوك نمط (ب) في الشخصية، بينما تدل الدرجات (61-79) إلى أن الفرد بحاجة إلى تغيرات في أسلوب حياته، أما حصول الفرد على درجات (80 فأكثر) فيدل ذلك على أن الفرد عجول جدا، ومندفع كثيرا ويقترب من نمط الشخصية (أ) (عسكر،2000).

51

خامسا: مقياس تصرفات الطفل في المدرسة (6-18 سنة)

Child Behaviour Checklist(Achenbach) Teachers Report Form

ترجمة د. عبد العزيز ثابت

عزيزي المدرس

إن إجابتك سوف تستعمل لمقارنه التلاميذ بالتلاميذ الآخرين الذين تم تعبئة مثل هذه الاستبيان لهم مدرسيين آخرين. المعلومات من هذه الاستبانة سوف تستعمل. سوف يتم مقارنتها بمعلومات عن التلميذ من فضلك أجب على قدر الاستطاعة، حتى لو كانت المعلومات ناقصة.

إ سم الطالب:	نوع عمل الوالد: ....
الجنس: .... العمر:	نوع عمل الأم: ....
تاريخ ميلاد التلميذ:	اسم المدرس: ....
تاريخ اليوم: / /	اسم المدرسة: ....
	الفصل: ....

1- منذ متى تعرف هذا التلميذ؟ ....

2- كيف تعرفه / تعرفها؟

بدرجه متوسطه ❑ اعرفه جيدا ❑ ليس جيدا ❑

3- كم من الوقت يقضى / تقضى في الفصل كل أسبوع؟

4- ما هو نوع الفصل (كن محددا، فصل عادي، أو خاص)

5- هل تم تحويله لفصول تقويه، خدمات أخرى، إشراف خاص من مدرس.

لا أعرف ☐   لا ☐   نعم ☐

6- هل أعاد السنة الدراسية؟

لا أعرف ☐   لا ☐   نعم الفصل والسبب ☐

7- التحصيل الدراسي الحالي. ضع معي جدول المواد الدراسية وافحص العمود المتعلق بالتحصيل الدراسي للتلميذ.

أكثر كثير من المعدل	أكثر قليله من المعدل	في المعدل	أقل من المعدل	أقل بكثير من المعدل	المادة الدراسية	الرقم
☐	☐	☐	☐	☐		1-
☐	☐	☐	☐	☐		2-
☐	☐	☐	☐	☐		3-
☐	☐	☐	☐	☐		4-
☐	☐	☐	☐	☐		5-
☐	☐	☐	☐	☐		6-
☐	☐	☐	☐	☐		7-

8- مقارنه بتلميذ عادى في نفس العمر:

الرقم		أقل من المعتاد	في المعدل الطبيعي	أكثر من المعتاد
1-	هل هو جد ي	❑	❑	❑
2-	هل تصرفه لائق	❑	❑	❑
3-	كم يتعلم /تتعلم	❑	❑	❑
4-	هل هو /هي سعيدة	❑	❑	❑

9- نتائج أخر الامتحانات (إذا كانت متوفرة)

اسم الاختبار	المادة	التاريخ	نسبة المعدل

10- نسبة الذكاء الاستعداد (إذا كانت موجودة):

....

11- هل هذا الطفل يعانى من مرض إعاقة جسديه أو إعاقة عقلية.

لا ❑ نعم ❑ صفها: ....

12- ما هو الذي يشغلك في هذا التلميذ؟

....

13- من فضلك صف الأشياء الجيدة في هذا الطفل

....

14- من فضلك اكتب أي ملاحظه عن عمل التلميذ، تصرفه أو إمكانياته مستخدما ورقة أخرى إذا أردت

....

....

....

عزيزي المدرس/ة

القائمة التالية تضم فقرات تصف تلاميذ المدرسة. كل فقره تصف تلميذ المدرسة الفترة الحالية أو خلال شهرين. الرجاء وضع علامة صح في الخانة التي تنطبق على تصرفات الطفل.

الرقم	الفقرة	لا	أحيانا	نعم
1-	تصرفاته أصغر من عمره/ها	0	1	2
2-	يهمهم و يقوم بعمل فوضى في الفصل	0	1	2
3-	عنيد	0	1	2
4-	يفشل في إكمال الأعمال التي يبدأها	0	1	2

-5	يتصرف تصرفات الجنس الآخر	0	1	2
-6	منحرف ويرد بقلة أدب على المعالجين	0	1	2
-7	متباهى - معتز بنفسه	0	1	2
-8	لاستطيع التركيز والانتباه طويلا	0	1	2
-9	لا يستطيع التخلص من بعض الوساوس	0	1	2
-10	نشيط جدا، لا يرتاح، ولا يستطيع الجلوس فتره طويلة	0	1	2
-11	ملتصق بالكبار واعتمادي	0	1	2
-12	يفضل من الوحدة	0	1	2
-13	مرتبك ومشوش	0	1	2
-14	يصرخ كثيرا	0	1	2
-15	قلق و متحفز	0	1	2
-16	يعامل الآخرين بقسوة ويشاكسهم	0	1	2
-17	يستغرق في أحلام اليقظة وكثير السرحان	0	1	2
-18	يتعمد إيذاء نفسه والانتحار.	0	1	2
-19	يحاول دائما جذب الانتباه إليه	0	1	2
-20	يكسر أشياءه الخاصة	0	1	2
-21	يكسر أشياء الآخرين	0	1	2

-22	عنيد في البيت.	0	1	2
-23	عنيد في العيادة	0	1	2
-24	يضايق غيرة من الأطفال	0	1	2
-25	لا ينسجم مع الأطفال الآخرين.	0	1	2
-26	لا يشعر بالندم عند فعل أشياء سيئة.	0	1	2
-27	لا يشعر بالندم عند فعل أشياء سيئة.	0	1	2
-28	سريع الغيرة	0	1	2
-29	يأكل أو يشرب أشياء غير الأكل.	0	1	2
-30	يخاف الحيوانات المواقف أو الأماكن الأخرى	0	1	2
-31	يكره الذهاب للمدرسة	0	1	2
-32	يخشى أن يخطئ ولذلك يفكر كثيرا قبل القيام بأي عمل	0	1	2
-33	يشعر بحالة عجزة	0	1	2
-34	يشكو دائما من أنه غير محبوب من الآخرين.	0	1	2
-35	يشعر بأن الآخرين ينبذونه.	0	1	2
-36	يشعر بالدونية والإهمال.	0	1	2
-37	يوجد فيه جروح كثيرة	0	1	2
-38	دائم العراك والشقاوة مع غيرة من الأطفال	0	1	2

2	1	0		
2	1	0	مشاكس للأطفال الآخرين.	39-
2	1	0	يصاحب الأطفال الآخرين الذين يقومون بعمل مشاكل	40-
2	1	0	يسمع أصوات غير موجودة	41-
2	1	0	إندفاعي ويعمل أشياء بدون تفكير	42-
2	1	0	يفضل أن يكون وحده.	43-
2	1	0	كذاب وغشاش	44-
2	1	0	يعص أظافره	45-
2	1	0	عصبي المزاج	46-
2	1	0	لديه حركات عصبية	47-
2	1	0	لا ينصاع للقوانين	48-
2	1	0	غير محبوب من التلاميذ الآخرين	49-
2	1	0	لديه صعوبة في الكلام	50-
2	1	0	قلق وخائف جدا.	51-
2	1	0	يشعر بالدوخة.	52-
2	1	0	يشعر بالذنب	53-
2	1	0	شره الأكل.	54-
2	1	0	يتعب بسرعة.	55-

-56	عنده زيادة في الوزن.	0	1	2
-57	يشكو من ألآم و أوجاع مختلفة مثل ما يلي	0	1	2
-58	صداع	0	1	2
-59	غثيان و الشعور بالمرض	0	1	2
-60	صعوبات في النظر(صفها	0	1	2
-61	طفح جلدي أو مشاكل جلدية	0	1	2
-62	الآلام في المعدة و تقلصات	0	1	2
-63	أخرى (صفها)	0	1	2
-64	يعتدي بالضرب على الآخرين	0	1	2
-65	يحك أنفه،جسمه، أجزاء أخرى من جسمه	0	1	2
-66	ينام في العيادة	0	1	2
-67	غير مبالي /ليس لديه دافعيه لفعل أي شيء	0	1	2
-68	ضعيف في التحصيل الدراسي.	0	1	2
-69	غير مرتب. غير مهندم	0	1	2
-70	يفضل اللعب مع الأطفال الآخرين الأكبر سناً.	0	1	2
-71	يفضل اللعب مع الأطفال الأصغر سناً	0	1	2
-72	يرفض الكلام	0	1	2

-73	يكرر نفس الأفعال مراراً وتكرارا "صفها"	0	1	2
-74	يخرب نظام الفصل	0	1	2
-75	يصرخ كثيراً	0	1	2
-76	غامض للغاية و يحب أن يحتفظ بأشياء كثيرة عن نفسه.	0	1	2
-77	يرى أشياء غير موجودة	0	1	2
-78	خجول جدا وسريع الارتباك	0	1	2
-79	يعمل فوضى	0	1	2
-80	يتصرف وكأنه لا يتحمل المسئولية	0	1	2
-81	معتز بنفسه	0	1	2
-82	خجول وانطوائي	0	1	2
-83	سريع الانفعال	0	1	2
-84	يحبط بسهوله. يطالب بسرعة استجابة مطالبه يصاب بحزن شديد	0	1	2
-85	مهمل يسهل عليه أن يربك الأمور	0	1	2
-86	لديه مشاكل في الكلام.	0	1	2
-87	يحدق في لاشيء.	0	1	2
-88	يشعر بالآم عندما ينتقد من الآخرين.	0	1	2

89-	يسرق	0	1	2
90-	يخزن أشياء لا يريدها "صفها"	0	1	2
91-	له تصرفات غريبة "صفها"	0	1	2
92-	له أفكار غريبة "صفها"	0	1	2
93-	عنيد ومتوتر	0	1	2
94-	متقلب المزاج بسرعة.	0	1	2
95-	نكد كثيراً	0	1	2
96-	شكاك	0	1	2
97-	يتلفظ بألفاظ بذيئة	0	1	2
98-	يتحدث عن قتل نفسه	0	1	2
99-	تحصيله قليل و لا يبذل مجهود للتحصيل	0	1	2
100-	يتكلم كثيراً.	0	1	2
101-	يشاكس من حوله بكثرة	0	1	2
102-	تنتابه نوبات غضب ومزاج سيئ	0	1	2
103-	يفكر في الجنس طويلا	0	1	2
104-	يهدد الآخرين	0	1	2
105-	يتأخر عن العيادة	0	1	2
106-	عديم الترتيب وعديم النظافة	0	1	2

-107	لا يعمل الواجب المفروض عليه أن يعمله	0	1	2
-108	يهرب من العيادة و يغيب بدون عذر	0	1	2
-109	بطيء الحركة - غير نشيط	0	1	2
-110	تعيس ومكتئب	0	1	2
-111	صاخب على غير المعتاد	0	1	2
-112	يتناول مخدرات ومشروبات روحيه "صفها"	0	1	2
-113	قلق جداً لدرجه لا يستطيع الانبساط	0	1	2
-114	لا يحب المدرسة	0	1	2
-115	يخاف من عمل أخطاء	0	1	2
-116	يزن باستمرار	0	1	2
-117	مظهره الخارجي غير نظيف	0	1	2
-118	منسحب لا يحب الانضمام للآخرين	0	1	2
-119	مهموم	0	1	2

طريقة التصحيح والتفسير:

احسب الدرجات التي يحصل عليها الطفل، وتعرف على مشكلات الطفل علما أن الدرجة تتراوح بين (0-226) والمتوسط هو (113) وكلما ارتفعت علامة الطفل عن المتوسط دل على وجود مشكلات بحاجة لعلاج أو إرشاد أو توجيه.

سادسا: مقياس النشاط الزائد عند الأطفال

اسم الطفل:

الرقم	السلوك الملاحظ	نهائيا	بعض الأحيان	كثيرا	دائما
1-	كثير النشاط ولا يهدأ	0	1	2	3
2-	تسهل استثارته	0	1	2	3
3-	كثير الشغب	0	1	2	3
4-	يقلق راحة زملائه	0	1	2	3
5-	يتشتت انتباهه بسهوله	0	1	2	3
6-	إذا أعطي سؤال يندفع إلى الإجابة دون تفكير	0	1	2	3
7-	لا يستطيع إتمام واجباته المدرسية	0	1	2	3
8-	لا يثبت في مكان واحد لمدة طويلة (10 دقائق مثلاً)	0	1	2	3
9-	لا يلتزم بالتعليمات	0	1	2	3
10-	متقلب المزاج	0	1	2	3
11-	يرغب في أن تجاب طلباته في الحال	0	1	2	3
12-	حاد المزاج وسريع الانفعال	0	1	2	3
13-	لا يمكن التنبؤ بسلوكياته	0	1	2	3
14-	يبكي لأبسط الأسباب	0	1	2	3
15-	لا يستطيع متابعة شرح المدرس في الفصل	0	1	2	3

الرقم	السلوك الملاحظ	نهائيا	بعض الأحيان	كثيرا	دائما
-16	ضيق الصدر ولا يحتمل الآخرين	0	1	2	3
-17	يندفع إلى السلوك دون حساب ما يترتب عليه من نتائج	0	1	2	3
-18	18 لا يستطيع أن يقضي وقتا طويلا (10 دقائق) في لعبة واحدة	0	1	2	3
-19	عندما يغضب لا يستطيع ضبط نفسه ويتفوه بألفاظ نابية.	0	1	2	3
-20	يتحدث بصوت مرتفع فجأة دون مراعاة النظام	0	1	2	3
-21	يصعب عليه تكوين علاقات طيبة مع زملائه	0	1	2	3
-22	يصعب عليه تكوين علاقات طيبة مع مدرسيه	0	1	2	3

طريقة التصحيح والتفسير:

يحتوي هذا المقياس على 22 فقرة، تمثل كل واحدة منها مظهراً من مظاهر السلوك المرتبط بالنشاط الزائد، ويقوم المدرس بوضع علامة (✖) أمام العبارة تحت الدرجة التي يرى أنها تحدد درجة حدوث هذا السلوك عند الطفل وتنحصر هذه الدرجة ما بين (صفر- 3) للحصول على الدرجة الكلية للطفل في المقياس يتم جمع الدرجات تحت كل تدريج لكل درجة المعطاة له ومن ثم تنحصر الدرجة الكلية التي يمكن أن يحصل عليها الطفل في المقياس ما بين (صفر، 66) درجة. والطفل في الصف الأول يعد لديه نشاط زائد إذا حصل على درجة (47 من 66) (المجالي، 2005).

المقاييس التحصيلية والعقلية

أولا: مقياس فعالية الذات الأكاديمية

عزيزتي المعلمة:

هذا المقياس يهدف للتعرف على فعالية وكفاءة الطلبة في المدرسة، لذلك يرجى التكرم بمساعدة الباحث في الإجابة عن فقرات هذا المقياس من خلال معرفتكم وإطلاعكم على الطلبة، شاكرا لكم التعاون في رفد المسيرة العلمية البحثية.

الرقم	الفقرة	موافق تماما	موافق نوعا ما	نوعا ما غير موافق	غير موافق تماما
-1	أعمل بجد في المدرسة	4	3	2	1
-2	أحصل على أعلى العلامات إذا بذلت جهد كبير	4	3	2	1
-3	أصحابي في الصف يفضلون أن أحل مسائل الرياضيات لهم لأنها سهلة بالنسبة لي	4	3	2	1
-4	إذا أحببت معلمي فإنني أحصل على علامات عالية	4	3	2	1
-5	معظم أصحابي في الصف يحلون واجباتهم البيتية أفضل منهم	1	2	3	4
-6	أنا طالب جيد في مادة العلوم	4	3	2	1
-7	سأتمكن من الوصول إلى الجامعة بسهولة لأنني شاطر	4	3	2	1

الرقم	الفقرة	موافق تماما	موافق نوعا ما	نوعا ما غير موافق	غير موافق تماما
-8	أنا راضي عن مدرستي	4	3	2	1
-9	دائما أحقق علامات مرتفعة لأنني أدرس بجد	4	3	2	1
-10	غالبا أنهي واجباتي البيتية الصعبة بسهولة أكثر من زملائي	4	3	2	1
-11	أنا طالب لدى أصدقاء كثر في المدرسة	4	3	2	1
-12	أرى أن الأشخاص الناجحين في عملهم كانوا ناجحين في المدرسة	4	3	2	1
-13	عندما أكبر في العمر سأذهب إلى الجامعة	4	3	2	1
-14	أعد نفسي من أفضل طلبة الصف في العلامات	4	3	2	1
-15	لا أحد يهتم بي حتى لو بعمل كويس في المدرسة	1	2	3	4
-16	معلمي يعتقدون أنني شاطر وذكي	4	3	2	1
-17	من المهم جدا أن أكمل دراستي	4	3	2	1
-18	أعد نفسي طالبا كويس في الرياضيات	4	3	2	1
-19	معظم طلبة صفي يحصلون عادة على علامات أفضل مني	1	2	3	4
-20	ما أتعلمه في المدرسة ليس مهما	1	2	3	4
-21	عادة بفهم واجباتي وبعمل أنشطتي بسرعة	4	3	2	1

-22	عـادة بحصـل عـلى علامـات مـش مرتفعـة في الرياضيات لأنها مادة صعبة	1	2	3	4
-23	ليس من المهم جدا إذا بدرس كويس في المدرسة	1	2	3	4
-24	معظم الطلاب اللي بيحصلوا على علامـات مرتفعـة بهتموا فيهم المعلمين أكثر مني	1	2	3	4
-25	أعتبر نفسي بعرف أقرأ كويس	4	3	2	1
-26	ليس من الصعوبة بالنسبة لي الحصول عـلى علامـة مرتفعة في المدرسة	4	3	2	1
-27	أنا شاطر وذكي	4	3	2	1
-28	أستطيع أن أكون هادئا في المدرسة متى أردت	4	3	2	1
-29	أفضل الطلبة لدى المعلمـين هـم مـن يحصـل عـلى علامات مرتفعة	4	3	2	1
-30	معظـم المعلمـين لمـا يسـألوا أسـئلة عـادة بعـرف إجاباتها حتى لو ما بعرفها أصحابي في الصف	4	3	2	1

ترجمة المؤلف والدكتور خلف الصقرات ضمن دراسة حول فعالية البرنامج الشمولي التكاملي في تحسين فعالية الذات والكفاءة الذات والتفكير الإبداعي لدى طلبة الصف الأول الابتدائي الذين خضعوا والذين لم يخضعوا للبرنامج دراسة مقارنة (تحت النشر).

ومترجم المقياس من:

Jinks, Jerry and Morgan, Vicky(1999).Children's Perceived Academic Self-Efficacy: An Inventory Scale. The Clearing House

طريقة التصحيح والتفسير:

عدد فقرات المقياس هي (30) فقرة وتتراوح العلامة بين (30-120) وكلما حقق الفرد علامة فوق (75) دل على وجود كفاءة ذاتية لديه في المدرسة.

ثانيا: تحديد النموذج التعليمي المناسب بالنسبة للحواس

يفيد هذا النموذج في تحديد الأسلوب التعليمي المناسب للتعلم، والحواس التي يعتمد عليها أكثر الطلبة، ومن خلال ذلك يمكن توجيه الطلبة من أجل الاستفادة من هذه الحاسة لتنمية المهارات التحصيلية.

هناك أربعة نماذج تعليمية يشير إليها الأدب العلمي، تفيد في التعلم وهي:

النظام البصري Visual:

يتحدث بسرعة، صوته عالي، أنفاسه قصيرة وسريعة، يفكر بالصور أكثر، دائم الحركة، يهتم بالصور والمناظر والألوان، قراراته على أساس ما يرى ويتخيل.

النمط الصوري تغلب عليه الكلمات والعبارات التالية: نظر - رؤية - تصور - مراقبة - يشاهد - ألوان - منظر - أرى - يظهر لي - أرى ما تقول - وجهة نظري - يدقق النظر..

النمط البصري يكرر عبارات من مثل: يظهر لي - وجهة نظري- ولديه سرعة كلام - نبرة عالية - قدرة على التخيل

النظام السمعي Auditory:

يستخدم طبقات صوت متنوعة، يتنفس من أسفل الحجاب الحاجز، له قدرة على الإنصات، يهتم بالأصوات، قراراته على أساس ما يسمعه ويحلله.

النمط السمعي تغلب عليه الكلمات والعبارات التالية: صوت - سمع - نغمة - رنين - كلام - جرس - ينصت - نغم - يقرع الجرس - انتبه لكلامي - يرن في أذني - يخاطب الناس - كلام الناس..

النمط السمعي يكرر عبارات من مثل: سمعت أخبار - كلي آذان صاغية -أقول الحقيقة - وعادة ما ينظر بعيدا عن المتحدث ويسمع ليفهم ويتذكر ما قيل.

النظام الحسي Kinesthetic:

صوته هادئ، يتنفس ببطيء وعمق، يهتم بالأحاسيس، يأخذ قراراته على أساس شعوره.

النمط الحسي تغلب عليه الكلمات والعبارات التالية: شعور - إحساس - لمسة - خشن - ناعم - صلب - لين - ضرب - بارد - حار - صبور - ألم - يخفق قلبه -يخدش الشعور - عديم الإحساس..

النمط الحسي يكرر عبارات من مثل: أشعر بما تقول - يحرك يديه - ولديه كلام بطيء - وتنفس عميق - ويعبر بجسده

النمط الرقمي:

اكتشف العلماء - كلامك مقنع - يفتقر إلى الدليل - ولديه تحدث مع النفس واهتمام بالأدلة

كلمات وعبارات محايدة: فكر - عقل - حكمة - منطق - فكرة - تجربة - عملية - فهم - ثقافة - حافز - دافع - تفكير - تفهم - أفكار. (التكريتي،2002)

نشاط:

عزيزي المسترشد اكتشف نظامك التمثيلي الأساسي، والذي يساعدك في التركيز على الجوانب الأكثر استخداما في كلامك عند التواصل حتى تتمكن من الانتباه للغة التي يتحدث بها الطلبة.

لتحديد ما هو نظامك التمثيلي الأساسي، اختر إجابة واحدة لكل سؤال:

السؤال	الإجابة	ص	س	ح
إذا واجهتك مشكلة	تفكر حتى تجد الحل المناسب تناقشها مع شخص آخر تفكر حتى تستشعر الحل			
في الحوار مع شخص آخر ما الذي يؤثر عليك؟	عدم وضوح الرؤية عنده منطق الشخص وحديثه عدم إحساسه برأيك			
أحب أن يفعل الآخرون	الابتسامة والنظرة المريحة اختيار الكلمات المناسبة مشاعر الود والاحترام			
ما أهم ما فعلته في لقاء الأمس	رأيت مشهدا أو صورة استمعت أو قلت كلاما أحسست بمشاعر			
عندما تكون في أحضان الطبيعة.. ماذا تفضل.	مشاهدة المناظر الاستماع لأصوات استنشاق الروائح الزكية			
عند شرائك كتاب.. ما الذي يؤثر فيك أكثر	تصميم الغلاف والصور عنوان الكتاب ومحتواه نوعية الورق وملمسه			
	مجموع النقاط			

ملاحظة: ص بمعنى بصري، س بمعنى سمعي، ح بمعنى حسي، حدد النموذج الأكثر مناسبة بالنسبة للحواس المختلفة (التكريتي، 2002)

ثالثا: نموذج لحصر الطلبة السمعيين

عزيزي الطالب:

أمامكَ مجموعة من الفقرات. وذلك لمعرفة نوع المهارات لديك، والمطلوب منكم قراءة كل فقرة من فقرات هذه القائمة بوضوح، وضع الإجابة عن كل فقرة بوضع إشارة (✖) بجانب كل فقرة لمعرفة درجة تكيفكم في جوانب هذه الأبعاد.

علما بأنه لا يوجد في هذا المجال إجابة خاطئة أو صحيحة وستكون الإجابات سرية ولن يطلع عليها أحد ولن تستخدم إلا لغايات البحث العلمي.

نموذج لحصر الطلاب السمعيين

الرقم	الفقرة	دائماً	غالباً	أحياناً	نادراً	إطلاقاً
1-	أحب الضوضاء	5	4	3	2	1
2-	أواجه متاعب لكوني مصدر إزعاج	5	4	3	2	1
3-	استمتع بالحديث والاستماع	5	4	3	2	1
4-	أصدر أصواتاًَ عند القراءة	5	4	3	2	1
5-	أقرأ لذاتي يصوت مسموع	5	4	3	2	1
6-	أميل لاستخدام الصوتيات	5	4	3	2	1
7-	أتذكر أسماء الأشخاص أكثر من الوجوه	5	4	3	2	1
8-	أصغي جيداً	5	4	3	2	1
9-	لا أستمع للتعليمات عند إعطائها	5	4	3	2	1
10-	أتعرض للمشاكل بسبب حديثي المستمر	5	4	3	2	1

إطلاقاً	نادراً	أحياناً	غالباً	دائماً	الفقرة	الرقم
1	2	3	4	5	مفرداتي التعبيرية متطورة نسبة إلى عمري	11-
1	2	3	4	5	يشتتني الصوت بسهولة	12-
1	2	3	4	5	أتحدث عن مشاكلي	13-
1	2	3	4	5	أحاول حل مشاكلي بالكلام	14-
1	2	3	4	5	أعبر عن انفعالاتي لفظياً	15-
1	2	3	4	5	أضحك بصوت عالي	16-
1	2	3	4	5	اختياري لملابسي ضعيف	17-
1	2	3	4	5	أفضل الموسيقى على الفنون	18-
1	2	3	4	5	أتبع إرشادات لفظية قصيرة	19-
1	2	3	4	5	أتذكر رقم الهاتف بعد أن أسمعه مرات قليلة	20-
1	2	3	4	5	أتذكر أبيات شعرية بعد سماعها مرات قليلة	21-
1	2	3	4	5	أتذكر حقـائق رياضية بسيطة بعد سمـاعها مرات قليلة	22-
1	2	3	4	5	أميز بين الكلمات ذات الأصوات المتشابهة	23-
1	2	3	4	5	أميز بين الحروف ذات الأصوات المتشابهة	24-

1	2	3	4	5	أدرك معاني الجمل الطويلة	25-
1	2	3	4	5	أمزج الحروف معاً بسهولة لتكوين جملة	26-
1	2	3	4	5	أتـذكر وأرتـب بالتسلسـل الأحـداث التـي نوقشت	27-
1	2	3	4	5	أركز على المهمة السمعية حتى بوجود مشتت سمعي	28-
1	2	3	4	5	أحدد وأتذكر أصوات الحروف المفردة	29-
1	2	3	4	5	أنتبه لقصة أو محاضرة لمدة 15-30 دقيقة	30-

(الرويلي، 2010)

طريقة التصحيح والتفسير:

عدد فقرات نموذج الحصر هي (30) وتتراوح العلامة بين (30-150) وكلما ارتفعت العلامة عن (90) دل على أن الفرد لديه استعداد سمعي أفضل.

رابعا: نموذج لحصر الطلبة البصريين

عزيزي الطالب:

أمامكَ مجموعة من الفقرات. وذلك لمعرفة نوع المهارات لديك، والمطلوب منكم قراءة كل فقرة من فقرات هذه القائمة بوضوح، وضع الإجابة عن كل فقرة بوضع إشارة (✖) بجانب كل فقرة لمعرفة درجة تكيفكم في جوانب هذه الأبعاد.

علما بأنه لا يوجد في هذا المجال إجابة خاطئة أو صحيحة وستكون الإجابات سرية ولن يطلع عليها أحد ولن تستخدم إلا لغايات البحث العلمي.

نموذج لحصر الطلاب البصريين

الرقم	الفقرة	دائماً	غالباً	أحياناً	نادراً	إطلاقاً
-1	أراقب ما يفعله الآخرون	5	4	3	2	1
-2	أحب التطبيقات العملية	5	4	3	2	1
-3	أميز الكلمات بالنظر	5	4	3	2	1
-4	أعتمد كثيراً على الحروف الصحيحة	5	4	3	2	1
-5	أعتمد كثيراً على شكل الكلمات	5	4	3	2	1
-6	أحب الصور والأشكال	5	4	3	2	1
-7	ألاحظ التغييرات بسرعة	5	4	3	2	1
-8	أتميز بأحلام اليقظة	5	4	3	2	1
-9	أتميز بالسرحان	5	4	3	2	1

الرقم	الفقرة	دائماً	غالباً	أحياناً	نادراً	إطلاقاً
-10	ألاحظ الألوان والحركة	5	4	3	2	1
-11	أكتب ملاحظاتي	5	4	3	2	1
-12	أتمتع بخط جيد	5	4	3	2	1
-13	أميل لتحديد هدفي	5	4	3	2	1
-14	أفكر على شكل حل المشكلات	5	4	3	2	1
-15	أميل إلى الهدوء والمراقبة في المواقف الجديدة	5	4	3	2	1
-16	أحي الترتيب والدقة	5	4	3	2	1
-17	أخطط مسبقاً	5	4	3	2	1
-18	ألاحظ التفاصيل والعناصر	5	4	3	2	1
-19	أنظم عملي مسبقاً	5	4	3	2	1
-20	أتبع تعليمات بسيطة مكتوبة	5	4	3	2	1
-21	أرتب أربع إلى ست صور بتسلسل سليم لقصة ما	5	4	3	2	1
-22	أتذكر رقم الهاتف بعد مشاهدته مرات قليلة	5	4	3	2	1
-23	أركز على مهمة بصرية بوجود مشتت بصري	5	4	3	2	1
-24	أركز على أداء المهمة	5	4	3	2	1

-25	أتذكر وأفهم الكلمات إذا رافقها شرح الصور	5	4	3	2	1
-26	أميز بين الحروف المتشابهة	5	4	3	2	1
-27	أميز بين الكلمات المتشابهة	5	4	3	2	1
-28	أقــرأ الكلــمات دون أن أخلــط بــين مواقــع الحروف	5	4	3	2	1
-29	أتذكر الكلمات بعد مشاهدتها مرات قليلة	5	4	3	2	1
-30	أركـز عـلى أي نشـاط لمـدة تـتراوح بـين 15-30 دقيقة	5	4	3	2	1

(الرويلي، 2010)

طريقة التصحيح والتفسير:

عدد فقرات نموذج الحصر هي (30) وتتراوح العلامة بين (30-150) وكلما ارتفعت العلامة عن (90) دل على أن الفرد لديه استعداد بصري أفضل.

خامسا: اختبار نموذج القراءة والتعلم المناسب للطالب

يفيد هذا النموذج في تحديد البيئة المناسبة للطلبة من أجل التعلم، ومن خلال تحديد هذه البيئة سيتم مساعدة الطلبة في الدراسة وزيادة دافعيتهم.

1- **أحب أن أتعلم في بيئة يكون فيها:**

أ- الصوت:

.... هادئ

........هادئ نوعا ما

........صامت

ب- الإنارة:

.... قوية

........خافتة

ج- درجة الحرارة:

.... دافئة

........باردة

د- الوضع:

.... رسمي

........رسمي نوعا ما

........منظم

.... منظم نوعا ما

2- **في المدرسة أو العمل أكون عادة**

أ- الدافعية:

.... مدفوع ذاتيا

.......مدفوع من الرفاق

.......مدفوع بالخوف من السلطة

.......دون دافعية

ب- المثابرة:

.... مثابر(أكون كما أبدأ به)

.......مثابر نوعا ما

.......غير مثابر

ج- المسؤولية:

.... أشعر بالمسؤولية نحو ما أقوم به

.......أشعر بالمسؤولية نوعا ما

.......لا أشعر بالمسؤولية

3-   **أفضل أداء أقوم به مع**

أ- البنية:

.... تعليمات واضحة وخيارات قليلة

.......وقت محدد

.......تعليمات قليلة وخيارات كثيرة

.......مرونة في الوقت

ب- الجانب الاجتماعي:

.... معلم جيدا

.... مع زميل واحد في مجموعة صغيرة

.......معلم

.......مع معلم ومجموعة من الرفاق

ج- أميل إلى تعلم وتذكر:

.... ما أسمعه

........ما أراه

........ما ألمسه أو افعله

د- عندما أتعلم فإن الطعام:

.... أتناول شيئا منه

........لا أتناول شيئا

........أحياناً أتناول شيئا من الطعام والشراب

4-   أفضل وقت للتعلم فيه

أ- الوقت:

الضحى .... في الصباح الباكر

........الضحى

........بعد الظهر

........متأخرا بعد الظهر

........المساء

ب- عندما أتعلم فإن الحركة تكون:

........الجلوس دون حركة حتى أكمل واجبي

........القيام ثم العودة إلى العمل

........الحركة الكثيرة

ملاحظة: من خلال معرفتك لهذه البيئات، حدد البيئة المناسبة للطالب لتساعده في التعلم من خلالها (الوقفي، 1996).

سادسا: قوائم الرصد للصعوبات التعليمية

صممت هذه القائمة من أجل التشخيص الأولي الذي يمكن أن يقوم به المرشد في الكشف المبكر عن الطلبة الذين يعانون من صعوبات تعليمية من أجل تحويلهم للجهة المسؤولة عن تدريسهم، وإخبار والديهم بذلك للتمكن من التعامل معهم.

أولاً: قائمة رصد لتشخيص القوى البصرية:

1-13=ممتاز ، 8-10= جيد ، 5-7= مقبول ، 0-4 ضعيف إلى مقبول

الطالب قادر على أن:

1) يتبع تعليمات بسيطة مكتوبة و / أو مرسومة. ________

2) يرتب أربع إلى ست صور بتسلسل سليم لقصه ما. ________

3) يتذكر رقم هاتف بعد مشاهدته مرات قليلة. ________

4) يركز على نشاط بصري لمدة تتراوح مبين 15-30 دقيقة. ________

5) يركز على مهمة بصرية بوجود مشتت بصري. ________

6) ينكب على أداء مهمة بصرية دون رفع النظر عنها أو فرك عينه. ________

7) يتذكر الكلمات بعد مشاهدتها مرات قليله. ________

8) يتذكر ويفهم الكلمات إذا رافقها شرح بالصور. ________

9) يقرا الكلمات دون أن يخلط بمواقع الحروف (مثلا راح يقراها حار). ________

10) يميز ما بين الحروف المتشابهة. ________

11) يميز مابين الكلمات المتشابهة. ________

ثانياً: قائمة رصد لتشخيص القوى السمعية:

12-14=ممتاز ، 9-11=جيد ، 5-8= مقبول ، 0-4=ضعيف إلى مقبول.

الطالب قادر على أن:

_____ 1) يتتبع إرشادات لفظيه قصيرة.

_____ 2) يكرر جملا بسيطة مكونه من ثمانية إلى اثنا عشرة كلمة.

_____ 3) يتذكر رقم هاتف بعد أن يسمعه مرات قليله.

_____ 4) يتذكر حقائق رياضيه بسيطة أو عددا من الأبيات الشعرية بعد سماعها مرات قليله.

_____ 5) يدرك معاني الجمل الطويلة.

_____ 6) يتذكر ويرتب بالتسلسل الأحداث التي نوقشت.

_____ 7) يستخدم مفردات وتراكيب سليمة للجمل.

_____ 8) ينتبه لقصه أو محاضرة لمدة 15—30 دقيقه.

_____ 9) يركز على المهمة السمعية حتى بوجود مشتت سمعي

_____ 10) يحدد ويتذكر أصوات الحروف المفردة.

_____ 11) يميز مابين الكلمات ذات الأصوات المتشابهة.

_____ 12) يميز مابين الحروف ذات الأصوات المتشابهة.

_____ 13) يمزج الحروف معا بسهوله لتكوين كلمة.

_____ 14) يلفظ الكلمات ويحافظ على مسيرة القصة.

ثالثاً: قائمة رصد لتشخيص القوى اللمسة

13-12=ممتاز ، 9-11=جيد ، 5-8= مقبول ، 0-4=ضعيف إلى مقبول.

الطالب قادر على أن:

1) برسم ويلون الصور. ________

2) يؤدي الأشغال اليدوية مثل الخياطة الحياكة و\أو صنع نماذج. ________

3) يتذكر رقم الهاتف بعد أن يطلبه عددا قليل من المرات. ________

4) يركز على مهام لمسية لمدة 15-30 دقيقة. ________

5) يمسك القلم بصورة سليمة. ________

6) يكتب الحروف الهجائية بصورة مقبولة وملائمة من حيث الحجم نسبة لعمره. ________

7) يترك فراغات مناسبة عند الكتابة. ________

8) يتذكر الكلمات حين يتتبع حروفها على المعجون أو ورق الزجاج. ________

9) يتذكر الكلمات بعد كتابتها مرات قليله. ________

10) يتذكر الكلمات بعد أن يلعب ألعابا تتضمن مثل هذه الكلمات كلعبة بنكو والدومنو. ________

11) يتذكر أسماء الأشياء بعد لمسها مرات قليلة. ________

12) يكتب الكلمات بصورة صحيحة بعد تتبع الكلمة بأصبعه. ________

13) يتذكر الكلمات بعد كتابتها بحروف كبيرة مرات قليلة. ________

رابعاً: قائمة رصد لتشخيص القوة الحركية:

10-12= ممتاز ، 7-9= جيد ، 4-6= مقبول ، 0-3= ضعيف إلى مقبول.

الطالب قادر على أن:

______ 1) يركض، يمشي يلتقف كرة، وغير ذلك بطريقه منظمة وأسلوب سلس.

______ 2) قادر على التركيز لمدة 15-30 دقيقة خلال النشاط الحركية التي تتطلب حركة الجسم بأكمله.

______ 3) يتذكر الرقصات، الألعاب، الرياضة، و/أو التعليمات بعد تطبيقها مرات قليلة.

______ 4) يحرك جسمه بسهولة وبراحة حين يمثل بمسرحية.

______ 5) يتذكر الكلمات واللافتات والإشارات خلال الرحلات.

______ 6) قادر على حفظ النص بسهوله اكبر إذا أداه فعليا في مسرحية.

______ 7) يتذكر الكلمات بصورة أفضل بعد أن يعيشها بطريقه ما (مثلا رحلة، مسرحية، العناية بحيوانات أليفه تطبيق التجارب وغيرها ....

______ 8) يتذكر الكلمات بصورة أفضل بعد أن يعيشها مثلا (النظر إلى كلمة "تفاحة" خلال أكلها أو التظاهر بأنه فيل عند دراسة كلمة فيل).

______ 9) يتذكر الكلمات المستخدمة في العاب رياضية بعد أن يلعبها مرات قليلة.

______ 10) قادر على تذكر الحقائق، الشعر، سطور مسرحية بصورة أفضل عند المشي أو الركض بصورة أفضل إذا كان يقف ساكنا.

______ 11) قادر على تذكر الحرف الهجائي إذا قام بتشكيل صورة الحرف بجسمه.

______ 12) يتذكر المشاعر لقصه ما أفضل مما يتذكر تفاصيلها.(الوقفي، 1996)

سابعا: سلم تقدير الطالب فرز الصعوبات التعليمية

هذا السلم أيضا يمكن أن يستخدمه المرشد في فرز الطلبة الذين لديهم صعوبات تعليمية.

1- الاستيعاب السمعي والتذكر

أ- استيعاب معاني الكلمات

- مستوى نضجه في استيعاب معاني الكلمات متدن تماماً.

- يفشل في معاني كلمات بسيطة، ويسئ فهم بعض الكلمات التي تعتبر في مستوى صفه.

- يعتبر استيعابه لمعاني الكلمات في مستوى صفه وعمره.

- يستوعب معاني الكلمات في مستوى صفه أو أعلى منه.

- متفوق في استيعابه لمعاني الكلمات المجردة.

ب- إتباع التعليمات

- غير قادر على إتباع التعليمات، مرتبك دائماً.

- يتبع عادة التعليمات البسيطة إلا أنه كثيراً ما يحتاج إلى مساعدة.

- يتبع التعليمات المألوفة غير المعقدة.

- يتذكر التعليمات المطولة ويتبعها.

- ماهر عادة في تذكر التعليمات وإتباعها.

ج- استيعاب المناقشات الصفية

- غير قادر دائماً على متابعة النقاش واستيعابه.

- يصغي ولكنه نادراً ما يستوعب بشكل جيد، وكثيراً ما يكون شارد الذهن.

- يصغي ويتابع المناقشات التي تقع في مستوى عمره أو صفه.

- يستوعب بشكل جيد ويستفيد من النقاش.

- يندمج في المناقشة ويستوعبها استيعاباً متميزاً.

د- تذكر المعلومات

- غالباً ما لا يتذكر شيئاً، ذاكرته ضعيفة.

- يمكنه أن يحتفظ بالأفكار والإجراءات إذا كررت عليه.

- تذكره للمعلومات عادي وفي مستوى مناسب لصفه وعمره.

- يتذكر معلومات من مصادر متنوعة، ذاكرته الآنية والبعيدة المدى في مستوى جيد.

- متميز في قدرته على تذكر التفاصيل والمحتوى العام.

2- اللغة المحكية

أ- المفردات

- يستعمل في كلامه مفردات ذات مستوى متدن من النضج.

- محدود في مفرداته وغالباً ما تتكون من أسماء بسيطة وكلمات وصفية غير دقيقة.

- مفرداته في الكلام في مستوى عمره وصفه.

- مفرداته في الكلام فوق المتوسط ويستخدم كلمات وصفية دقيقة وكثيرة.

- مفرداته من مستوى عال، ويستخدم دوماً كلمات دقيقة تعبر عن معان مجردة.

ب- القواعد

- يستخدم دائماً في كلامه جملاً ناقصة ذات أخطاء قواعدية.

- تكثر في كلامه الجمل الناقصة والأخطاء القواعدية.

- يستخدم في كلامه القواعد الصحيحة، وأخطاؤه القواعدية محدودة.

- لغته الشفوية فوق المتوسط، ونادراً ما يرتكب أخطاء في القواعد.

- يتكلم لغة دائماً سليمة في تركيبها القواعدي.

ج-   تذكر الكلمات

- غير قادر على تذكر الكلمة المناسبة.

- كثيراً ما يتوقف حتى يجد الكلمة المناسبة ليعبر بها عما يريد.

- يبحث أحياناً عن الكلمة المناسبة وتذكره للكلمات ملائم لمستوى صفه وعمره.

- قدرته على تذكر المفردات فوق المتوسط، ونادراً ما يتردد لتذكر كلمة.

- يتكلم دائماً بطلاقة، لا يتردد، ولا يستبدل كلمة بأخرى.

د-   رواية القصص والخبرات الخاصة

- غير قادر على سرد قصة بشكل مفهوم.

- يجد صعوبة في سرد أفكاره بتسلسل منطقي.

- متوسط في روايته للقصص بما هو في مستوى عمره وصفه.

- فوق المتوسط في روايته للقصص ويستخدم التسلسل المنطقي.

- متميز ويروي أفكاره بطريقة منطقية ذات معنى

هـ-   التعبير عن الأفكار

- غير قادر على التعبير عن حقائق متناثرة.

- يجد صعوبة في التعبير عن حقائق متناثرة وأفكاره متشتتة وغير متكاملة.

- يعبر عادة عن الحقائق تعبيراً ذا معنى بما هو متوقع في مستوى عمره وصفه.

- فوق المتوسط ويعتبر في مستوى جيد في التعبير عن الحقائق والأفكار.

- متميز في مستوى تعبيره عن الأفكار.

3- التوجه في الزمان والمكان

أ-   تقدير الوقت

- يفتقر إلى إدراك الوقت فهو دائماً متأخر أو مشوش.

- يدرك إلى حد ما مفهوم الزمن، لكنه يميل إلى التلكؤ والتأخر.

- حكمه على الوقت في مستوى متوسط ومناسب لعمره وصفه.

- دقيق في مواعيده، لا يتأخر إلا لسبب مقنع.

- ماهر في تعامله مع الوقت ويستطيع أن يخطط وينظم وقته بشكل جيد.

ب-   التوجه المكاني

- يبدو مشوشاً دائماً ويضل مكانه إذا تجول حول المدرسة والأماكن المجاورة.

- كثيراً ما يضيع في الأماكن المحيطة المألوفة نسبياً.

- يستطيع أن يجد طريقة في الأماكن المألوفة بشكل يتناسب مع مستوى عمره وصفه.

- فوق المتوسط في توجهه ونادراً ما يضل طريقه أو يرتبك.

- يتكيف مع المواقف والأماكن الجديدة ولا يضل طريقه إطلاقا.

ج-   تقدير العلاقات (مثل: صغير، كبير، كثير، قليل، بعيد، قريب، ثقيل، خفيف)

- أحكامه على مثل هذه العلاقات دائماً غير دقيقة.

- أحكامه على مثل هذه العلاقات في مستوى متوسط وملائم لعمره وصفه.

- أحكامه دقيقة لكنه لا يعممها إلى مواقف جديدة.

- أحكامه دقيقة بدرجة كبيرة ويستطيع أن يعممها على مواقف وخبرات جديدة.

د-   معرفة الجهات

- مشوش بدرجة كبيرة لا يميز بين اليمين أو اليسار والشمال أو الجنوب.

- مشوش بعض الأحيان في تمييزه للجهات.

- يميز بين الجهات مثل يمين، يسار، شمال، جنوب.

- يميز جيداً بين الجهات، قلما يرتبك.

- متميز في حسه بالجهات

4- التآزر الحركي

أ-   التآزر العام

- (المشي، الركض، الحجل، التسلق)

- ضعيف جداً في تناسق حركاته.

- تحت المتوسط في تناسقه الحركي، مرتبك وغير متزن.

- متوسط في تناسق الحركة وحركاته متناسبة مع عمره.

- فوق المتوسط، وأداؤه الحركي في مستوى جيد.

- متميز في مستوى تآزره الحركي.

ب- الاتزان الجسمي

- غير متزن تماماً.

- اتزانه دون المتوسط، كثيراً ما يقع على الأرض.

- اتزانه مقبول ومناسب لمستوى عمره.

- فوق المتوسط في النشاطات التي تعتمد على الاتزان.

- متميز في مستوى اتزانه.

ج- المهارة اليدوية

- مهارته اليدوية في مستوى ضعيف جداً.

- دون المتوسط، مرتبك في استخدامه ليديه.

- مهارته اليدوية ملائمة لمستوى عمره، يمكنه التحكم يدوياً بالأشياء.

- مهارته اليدوية فوق المتوسط.

- متميز في مهارته اليدوية، يستطيع أن يتحكم يدوياً في الأدوات الجديدة بسهولة ويسر.

5- السلوك الشخصي والاجتماعي

أ-   التعاون

- يعكر جو الصف باستمرار، وغير قادر على كبح تصرفاته.

- كثيراً ما يحاول لفت الانتباه إليه، وكثيراً ما لا ينتظر دوره في الكلام.

- ينتظر دوره بما هو متوقع من عمره وصفه.

- فوق المتوسط ومتعاون بشكل جيد.

- متميز في تعاونه، ولا يحتاج إلى تشجيع من الآخرين.

ب-   الانتباه

- لا يستطيع الانتباه، يتشتت ذهنه بسهوله.

- قلما يصغي وكثيراً ما يشرد في انتباهه.

- مستوى انتباهه في مستوى عمره وصفه.

- فوق المتوسط في انتباهه، منتبه معظم الوقت.

- ينتبه دائماً للأشياء المهمة، فترة انتباهه طويلة.

ج-   التنظيم

- غير منظم بدرجة كبيرة، لا يبالي.

- كثيراً ما يكون غير مبال في عمله، غير دقيق، وغير مكترث.

- متوسط في عنايته بتنظيم عمله.

- فوق المتوسط في التنظيم، ينظم عمله ويكمله.

- منظم بدرجة عالية وينهي واجباته بدقة متناهية.

د- **السلوك في المواقف الجديدة (الحفلات، الرحلات، وتغيّر الروتين)**

- ينفعل بدرجة متطرفة ولا يستطيع كبح جماح نفسه.

- كثيراً ما يتجاوز الحد المقبول في الانفعال، تقلقه المواقف الجديدة.

- يتكيف بشكل يناسب لعمره وصفه.

- يتكيف بسهولة وبسرعة، واثق من نفسه.

- متميز في تكيفه، مبادر واستقلالي.

هـ- **التقبل الاجتماعي**

- يتجنبه الآخرون.

- يتحمله الآخرون

- يحبه الآخرون كما هو متوقع من مستوى صفه وعمره.

- يحبه الآخرون بشكل واضح.

- يسعى الآخرون إلى أن يكونوا معه.

و- **تحمل المسؤولية**

- يرفض تحمل المسؤولية ولا يبادر أبدا بأي نشاط.

- يتجنب تحمل المسؤولية، تقبله لدوره محدود نسبة لعمره.

- يتقبل المسؤولية بما هو متوقع ممن هم في عمره وصفه.

- فوق المتوسط في تحمله للمسؤولية، يبادر إلى تحمل المسؤولية ويستمتع بها.

- يسعى إلى تحمل المسؤولية، يتحمس لحملها.

ز-   انجاز الواجبات

- لا يكمل واجباته أبدا حتى مع التوجيه.

- نادراً ما ينهي واجباته حتى مع التوجيه.

- متوسط في أدائه لواجباته ويقوم بما هو مطلوب منه.

- أداؤه فوق المتوسط، وينهي واجباته بدون حث من الآخرين.

- ينهي واجباته دائماً ولا يحتاج إلى إشراف.

ح-   اللباقة

- وقح دائماً.

- لا يكترث بمشاعر الآخرين.

- متوسط في لباقته، لا يكون سلوكه أحياناً ملائماً اجتماعياً.

- فوق المتوسط في لباقته، نادراً ما يكون سلوكه غير ملائم اجتماعياً.

- لبق دائماً، لا يصدر عنه سلوك غير ملائم اجتماعياً.

يمكن للمرشد النفسي أو التربوي أن يطلب من معلم الصف أن يجري هذا الاختبار على الطلبة الذين يعتقد أن لديهم صعوبات في التعلم أو قد يعطي لجميع طلاب الصف إذا لزم الأمر، فالهدف الأساسي للاختبار هو الكشف المبدئي عن الطلاب الذين يعانون من صعوبات في التعلم وذلك من أجل الانتباه لهم مبكرا. (ياسر، 1988)

ثامنا: قائمة الكشف المبكر عن صعوبات التعلم النهائية لدى الأطفال
في مرحلة ما قبل المدرسة

بيانات:

اسم الطفـل: .... العمـر: ....

المـدرسـة: .... التاريخ: ....

اسم المدرس: .... الفصل: ....

تعليمات:

زميلي الفاضل: .... زميلتي الفاضلة ....

أمامك مجموعة من العبارات التي من خلالها يمكن التعرف على صعوبات التعلم النمائية التي يعاني منها طفلك داخل الفصل الدراسي، وعليك بقراءة كل عبارة من العبارات بدقة وتأني، وتحديد مدى انطباق العبارة على سلوك طفلك داخل الفصل من خلال تعاملك معه أثناء العام الدراسي، وذلك من خلال درجات الموافقة الموجودة أمام كل عبارة وهي:

دائماً: تعني أن العبارة تنطبق على سلوك الطفل في كل تصرفاته.

غالباً: تعني أن العبارة تنطبق على سلوك الطفل في معظم تصرفاته.

أحياناً: تعني أن العبارة تنطبق على سلوك الطفل في بعض الأحيان ولا تنطبق في أحيان أخرى.

نادراً: تعني أن العبارة نادراً ما تنطبق على سلوك الطفل.

ويجب عليك وضع علامة (✓) أسفل درجة الموافقة التي تناسب سلوك طفلك كما تلاحظها أنت وليس الآخرين، واعلم أن الإجابة الصحيحة تعتمد على الملاحظة الدقيقة لسلوك الطفل والانتباه إلى مدى تكرار هذا السلوك ومدى حدته، والمهم أن يكون الحكم على سلوك الطفل صائباً غير المبالغ فيه.

الرجاء ملء البيانات الخاصة بهذه القائمة ونشكركم على حسن تعاونكم معنا.

الأبعاد	الأول			الثاني					الثالث	
	أ	ب	ج	د	هـ	و	ز	ح	ط	ي
الدرجة										
المجموع										

م	الأبعاد والعبارات	دائماً	غالباً	أحياناً	نادراً
A	البعد الأول:				
	أ:				
1	يفهم كل ما يقوله المعلم في الفصل.	4	3	2	1
2	يستطيع أن يردد الكلمات بعد سماعها من المعلم.				
3	يستطيع أن يردد الأعداد بعد سماعها من المعلم.				
4	يسمع صوت المعلم من أي مكان بالفصل.				
5	ب:	4	3	2	1
6	يربط بين الصورة والحرف				

م	الأبعاد والعبارات	دائماً	غالباً	أحياناً	نادراً
7	ينطق جميع الأحرف الهجائية دون خطأ				
8	يذكر الأعداد من 1 إلى 10				
	ج:				
9	ينطق الكلمات بطلاقة دون خطأ	4	3	2	1
10	قادر على الحديث الشفهي مع الآخرين.				
11	يستطيع أن يصف ما شاهده من أحداث أو مواقف.				
12	يعبر عن قصة من خلال صورة أمامه.				
	البعد الثاني:				
	د:				
13	كثير الالتفات والحركة في الفصل وغير منتبه للشرح.	4	3	2	1
14	يميز بين الأحرف الهجائية بعضها وبعض وخاصة المشتبه منها.				
15	يستطيع أن يميز بين الألوان بعضها وبعض.				
16	يميز بين الصور والأشكال بعضها وبعض.				
	هـ:				
17	يتذكر أسماء الصور والأشكال.	4	3	2	1

نادراً	أحياناً	غالباً	دائماً	الأبعاد والعبارات	م
				يتذكر الأحرف الهجائية.	18
				يتذكر بعض البيانات الخاصة به والأسرة.	19
				يتذكر أحداث وقعت بالأمس.	20
				و:	
				يسمع الاسم الذي يعبر عن صورة ويشير إليها.	21
1	2	3	4	يسمع أسماء أجزاء الجسم ويشير إليها.	22
				يمكنه التحرك للأمام والخلف بالعدد.	23
				يمكنه الوثب من المكان بالعدد.	24
				ز:	
				يستطيع أن يحدد الاختلافات بين الأشكال وبعضها.	25
1	2	3	4	يستطيع التعرف على الأشياء المتشابهة بين الأشكال.	26
				يستطيع التوصيل بين الأشياء التي تنتمي لمجموعة واحدة.	27
				يمكنه معرفة اليمين واليسار - أعلى وأسفل.	28
				ح:	
				يمكنه التصرف في حل مشكلة بسيطة.	29
1	2	3	4	يمكنه التصرف والوصول إلى شيء أمامه.	30
				يتصرف بأمانة إذا وجد مبلغاً من المال.	31
				يتصرف بحكمة إذا تركته سيارة المدرسة.	32

نادراً	أحياناً	غالباً	دائماً	الأبعاد والعبارات	م
				البعد الثالث:	
				ط:	
1	2	3	4	يمكنه تقليب صفحات الكتاب والوصول إلى الصفحة المطلوبة.	33
				يستطيع ترتيب المكعبات وعمل أشكال مختلفة منها.	34
				يستطيع الإمساك بالقلم والكتابة به.	35
				يستطيع استخدام الألوان في الرسم.	36
				ي:	
1	2	3	4	يستطيع أن يقفز في أمان من ارتفاع بسيط.	37
				يستطيع السير وهو يحجل لمسافة معينة.	38
				يستطيع ارتداء وخلع ملابس الأنشطة بمفرده.	39
				يستطيع أن يقفز من مكانه لنقطة أخرى ليست بعيدة عنه.	40

طريقة التصحيح والتفسير:

اجمع الدرجات وتعرف على مدى وجود صعوبة تعلم لدى الطفل ونوعها.

تاسعا: قياس الذكاءات المتعددة

هذه النظرية في التوجه نحو النظر للذكاء على أنه متعدد هي من النظريات الحديثة، ويمكن من خلالها مساعدة الطلبة في تحديد المجال الأعلى وتنميته وتنمية بقية الجوانب الأخرى في الذكاء.

إن النظرية التقليدية للذكاء هي عبارة عن حصيلة نتائج الاختبارات والتحليلات الإحصائية التي تخص فردا ما. وإذا كان في مضمون الاختبار شيء من الصعوبة فمن الطبيعي أن نرى بعض الأفراد يتفوقون على أقرانهم في نفس المستوى العمري والتحصيلي. وبالتالي يقال عن هؤلاء المتفوقين نسبيا على أقرانهم أنهم يتمتعون بمعدلات ذكاء أعلى يعبر عنها بالأرقام حيث يطلق عليها معامل الذكاء.(IQ)

أما هوارد قاردنر Howard Gardner الذي حسم النقاش والجدال الدائر حول ماهية الذكاء في كتابه المعروف " أطر العقل Frames of Mind" حيث توصل إلى نظرية جديدة تختلف كليا عن النظريات التقليدية. إن نظريته ذات معايير أكثر تحديدا من الاختبارات التقليدية التي تتعلق بالمفهوم اللفظي والرياضي. فهو يقول بأنه لا يمكن وصف الذكاء على أنه كمية محددة ثابتة يمكن قياسها. وبناء على ذلك يمكن زيادة الذكاء وتنميته بالتدريب والتعلم. بل أكثر من ذلك فهو يقول بأن الذكاء متعدد وعلى أنواع مختلفة وأن كل نوع مستقل عن الأنواع الأخرى ويمكنه أن ينمو ويزيد بمعزل عن الأنواع الأخرى وذلك باستخدامه واستعماله. فكان لتصنيف (جاردنر) هذا أكبر الأثر على طريقة التفكير في عملية التعلم والتعليم وكذلك على الاختبارات وحتى على طبيعة الأفكار نفسها.

المبادئ التي قامت عليها نظرية الذكاء المتعدد المبادئ كما وردت في أعمال (جاردنر) هي كما يلي:

- إن الذكاء ليس نوعا واحدا بل هو أنواع عديدة ومختلفة.
- إن كل شخص متميز وفريد من نوعه ويتمتع بخليط من أنواع الذكاء الديناميكي.
- إن أنواع الذكاء تختلف في النمو والتطور إن كان على الصعيد الداخلي للشخص أو على الصعيد البيني فيما بين الأشخاص.
- إن كل أنواع الذكاء كلها حيوية وديناميكية.
- يمكن تحديد وتمييز أنواع الذكاء ووصفها وتعريفها.
- يستحق كل فرد الفرصة للتعرف على ذكائه وتطويره وتنميته.
- إن استخدام ذكاء بعينه يسهم في تحسين وتطوير ذكاء آخر.
- إن مقدار الثقافة الشخصية وتعددها لهو جوهري وهام للمعرفة بصورة عامة ولكل أنواع الذكاء بصورة خاصة.
- إن أنواع الذكاء كلها توفر للفرد مصادر بديلة وقدرات كامنة لتجعله أكثر إنسانية بغض النظر عن العمر أو الظرف.
- لا يمكن تمييز أو ملاحظة أو تحديد ذكاء خالص بعينه.
- يمكن تطبيق النظرية التطورية النمائية على نظرية الذكاء المتعدد.
- إن أنواع الذكاء المتعدد قد تتغير بتغير المعلومات عن النظرية نفسها.

تشكل هذه المعايير والمبادئ أساسا وسلسلة من نقاط التحقق والتثبت التي يجب أن تمر المهارة عبرها قبل أن تعتمد ذكاء حقيقيا. وبناء على ما تقدم أورد (جاردنر) أنواع الذكاء التالية:

- الذكاء اللغوي وهو ما يتعلق باللغة المكتوبة والمحكية.
- الذكاء المنطقي - الرياضي وهو ما يتعلق بالأرقام والمنطق.
- الذكاء الموسيقي وهو ما يتعلق بالأنغام والألحان والآلات الموسيقية.

- الذكاء المكاني وهو ما يتعلق بالصور والخيالات.

- الذكاء الحسي - الحركي وهو ما يتعلق بحركة وإحساس الجسم واليدين.

- الذكاء البيني (الاجتماعي) وهو ما يتعلق بالتفاعل الاجتماعي مع الآخرين.

- الذكاء الشخصي الذاتي (الانفعالي) وهو ما يتعلق بالعواطف والانفعالات الداخلية للشخص.

- الذكاء البيئي وهو ما يتعلق بالطبيعة بما فيها من تنوعات واختلافات

Armstrong,1994.,Chipongian,2000., Dehn & Schank,1982., Grander,1983., Hanson, 2000)

يتناول هذا النص عرضاً لمقاييس جديدة لقياس وتقييم أهم أنواع الذكاءات المتعددة حيث يجد القارئ الكريم عرضاً لأساليب ومقاييس تقييم الذكاء ألابتكاري وهو نوع من الأنواع الحديثة للذكاءات المتعددة كذلك تجد مقياساً جديداً لقياس وتقييم قدرات الذكاء العاطفي وذلك بالإضافة لمقاييس الأنواع الأخرى لقدرات الذكاءات المتعددة.

ومن خلال هذه المقاييس سوف تكون عزيزي القارئ قادراً على:

- قياس وتقييم قدرات الذكاء اللفظي / اللغوي.

- قياس وتقييم قدرات الذكاء المرئي / المكاني.

- قياس وتقييم قدرات الذكاء المنطقي /الرياضي.

- قياس وتقييم قدرات الذكاء البدني / الحركي.

- قياس وتقييم قدرات الذكاء الشخصي.

- قياس وتقييم قدرات الذكاء الاجتماعي.

- قياس وتقييم قدرات الذكاء الموسيقي.

- قياس وتقييم قدرات الذكاء الطبيعي.

- قياس وتقييم قدرات الذكاء العاطفي.

- قياس وتقييم قدرات الذكاء ألابتكاري.

- قياس وتقييم قدرات الذكاء الأخلاقي.

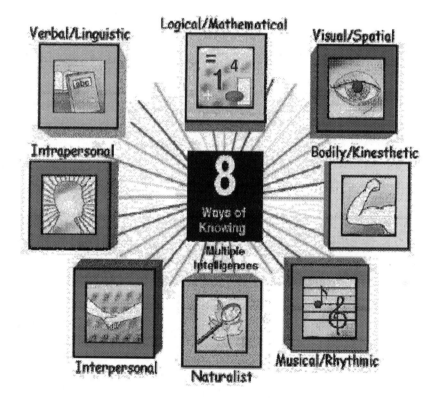

أولاً: قياس الذكاء اللفظي

لا تنطبق	تنطبق	الفقــرة	الرقم
0	1	الاهتمام بالألفاظ أكثر من الصور والمشاعر.	1-
0	1	يفضل التلاعب بالألفاظ أثناء الحديث أو الكتابة: مثل (التواء اللسان، والإيقاعات الخفيفة،وازدواج المعنى، التورية، الجناس).	2-
0	1	الحصـول علـى درجـات أفضـل في اللغـة العربيـة والتـاريخ مـن الرياضيات، والعلوم.	3-
0	1	الاحتفاظ بمفكرة أو بجريدة باستمرار.	4-
0	1	الاستمتاع بالمنافسة المستمرة وتبادل وجهات النظر.	5-
0	1	المتعة في سرد النوادر، وتأليف الطرائف، والنكات.	6-
0	1	يحمل معه مفكرة، أو جهاز تسجيل يلازمانـه دائمـاً بهـدف تسجيل الأفكار الهامة.	7-
0	1	يستمتع بالكتـب المقـروءة أثنـاء قيـادة السـيارة أو ركـوب وسيلة مواصلات.	8-
0	1	يعلق عادة على قراءة المجلات أو الكتب.	9-
0	1	الاستمتاع بإلقاء المقدمـة التمهيديـة أثنـاء اجتماعـات الشـركات، والعروض التجارية، والندوات.	10-
0	1	يضطر للانتظار بغرف الانتظار ليقرأ ما يكتب على صناديق الغلال أو إرشادات علب الحساء، أو المجلات القديمة.	11-

12-	تعتبر كتابة التقارير، والمقالات والكراسات، والمذكرات مسألة محببـة إلى نفسه.	1	0
13-	يعتريه شعور بالفضـول إزاء كشـف بعـض الأمـور لمعـاني وأصـول بعـض الكلمات، أو الجمل، أو الأسماء، أو المصطلحات العامة.	1	0
14-	يستمع إلى الكلمات التي بصدد التفكير فيها قبل نطقها.	1	0
15-	يشعر بالنهم عند استخدامه للأصوات، والإيقاعـات، وتنـوين الكلـمات، والعديد من الألفاظ مثلما يشعر الآخـرون بـالنهم وقـت الأصـيل،أو عند النظر من أعلى الجبال.	1	0
16-	يستمتع بالـذهاب لورشـة العمـل، أو النـدوات، أو المحـاضرات بصـحبة متحدث لبق.	1	0
17-	يقضيـ بعـض الوقـت في ممارسـة ألعـاب كلاميـة كلعبـة تجميـع الكلمات، أو تعليق الكلمات، أو كلمة السر.	1	0
18-	يجد نفسه كفؤاً في قواعد اللغـة العربيـة أكـثر مـن أي شـخص أخـر يعرفه.	1	0
19-	يشتاق إلى كتابة الشعر، أو المسرحيات، أو القصص القصيرة، أو الروايات، أو القصص الواقعية.	1	0
20-	يقضيـ وقتـاً في اسـتخدام برنـامج معالجـة الكلـمات، والبحـث عـبر الإنترنت.	1	0

طريقة تقدير الدرجات:

الأوزان: تنطبق (1)   لا تنطبق (0)

قم بترقيم الخانات التي تأكدت من انطباقها عليك.

- فإذا كان تقدير مجموع درجاتك يتراوح ما بين (1)على (4) فإنك لم تشهد قدراتك اللفظية على نطاق واسع وتحتاج لبرنامج لتقوية قدرات الذكاء اللفظي لديك.

- إذ تراوح ما بين (5) إلى (11) فأنت لا تستفيد حتى من نصف محصلة ذكائك اللفظي.

- إذا تراوح ما بين (12) إلى(16) فأنت تتمتع بذكاء لفظي عال يؤهلك للاستماع بالتحدث والكتابة والقراءة، والقيام بالألعاب الكلامية، ولكن لا يزال المجال هنا متسعاً لمزيد من التطور والعمل على تنمية قدرات الذكاء اللفظي لديك.

- إذا تراوح ما بين (17) إلى (20) فقد بلغت قدرات تجعلك لست في حاجة إلى تدريبات لتنمية قدرات الذكاء اللفظي، بل تمليك العمل بمهنة تعتمد على قدرات الذكاء اللفظي العالية لديك فسوف تكسب من وراء قدرات الذكاء اللفظي أفضل.

ثانياً: قياس الذكاء المرئي / المكاني

لا تنطبق	تنطبق	الفقـــرة	الرقم
0	1	يجرب أحلام الليل، وأحلام اليقظة الحية ذات التفاصيل.	1-
0	1	يرغب في رسم أو كتابة أشياء غير منظمة.	2-
0	1	نادراً ما يمر عليه يوم دون التوقف عن ملاحظة شيء جميل من حوله، كالسماء الرائعة، والزهور الجميلة والصور الحية.	3-
0	1	يرى صوراً أو أشكالاً حينما يفكر في شيء ما أكثر من سماعه لكلمات تتردد في ذهنه.يؤيد القول الشائع" افعل الأشياء بنفسك" عند التعامل مع الأجهزة أو الآلة أو الأدوات أو السيارات.	4-
0	1	الدهشة عند معرفة طريقة عمل الأشياء.	5-
0	1	يتذكر بالضبط المقاس والشكل الفعلي للأشياء.	6-
0	1	يحب دراسة المعلومات عن طريق استخدام الملصقات والصور والأشكال.	7-
0	1	يدرك الدلائل المرئية على الفور.	8-
0	1	يمكث ساعات يلعب المكعبات والألعاب التي تعتمد على النشيد والأحاجي والألغاز.	9-
0	1	يتصور الأحداث والأشخاص عندما يستمع إلى وصفها في حديث أو تقرير.	10-

-11	نادراً ما يشعر بالتوهان.	1	0
-12	يحرص على تبين الألوان.	1	0
-13	يحب الاسترخاء عن طريق اللعب بلعبة القطع المخرمة أو فك بقية الشبكات المضللة أو حل ألغاز الخداع لبصري، أو الألغاز المرئية الأخرى.	1	0
-14	يتخيل الكيفية التي قد يكون عليها الشيء إذا نظر إليه نظرة شاملة من أعلى مباشرة.	1	0
-15	الهندسة أسهل بالنسبة إليه من الجبر في المدرسة.	1	0
-16	يحب أخذ التقاط الصور لأحبائه خلال الإجازة أو الرحلة المدرسية، أو استخدام كاميرا فيديو لتسجيل شرائط للتجمعات العامة أو الأصدقاء أو المحبين، أو الاحتفاظ بألبوم صور لدي.	1	0
-17	يبدع أشكالاً أو صوراً عند القيام بعرض تقديمي لعمل ما.	1	0
-18	يجب التجول في محلات متاحف الفنون، أو مشاهدة الفيديو، والأفلام.	1	0
-19	يقرأ الجرائد أو الصحف أو المجلات الملونة المملوءة بالرسومات.	1	0
-20	يقوم بحل الكلمات لمتقاطعة.	1	0

تقدير الدرجات:

الأوزان: تنطبق (1)   **لا تنطبق (0)**

- إذا كان مجموع الدرجات من (1-4) فأنت بحاجة جادة إلى تدريبات لتنمية قدرات الذكاء المكاني / المرئي لديك. نظراً لأن ذكائك المرئي على وشك الضياع بسبب إهماله، وأجعله يخضع لتدريب يومي، وسوف تفاجئ بنتائج عظيمة خلال أيام قليلة من تدريبه وتنميته لديه.

- إذا كان مجموع درجاتك يتراوح ما بين (5-12) فانك قد تكون ممن يقدرون منظر الغروب الجميل، أو الأفلام جيدة التصوير، ولكن مخيلتك تتسم بالسلبية. لديك مخيلة جيدة ولكنك لا تستخدمها كثيراً.

- إذا كان مجموع درجاتك يتراوح ما بين (13-17) فقد تكون هوايتك المفضلة الرسم، وزيارة المتاحف، أو إرسال صور فوتوغرافية جميلة على الصفحة المخصصة لك على شبكة الإنترنت. انك تتفوق في إرسال هذه الصور، وبقدر بسيط من التدريب يمكنك الارتقاء بمستوى ذكائك المرئي حتى درجة العبقرية.

- إذا كان مجموع درجاتك يتراوح ما بين (18-20) فانك على قائمة هذه المجموعة،أن وظيفتك يدخلها شيء من الفن أو الإعلان أو الحرفية أو أي شيء يشغل قدراتك ومواهبك الفنية بالكامل.

ثالثاً: قياس الذكاء المنطقي / الرياضي

لا تنطبق	تنطبق	الفقـــرة	الرقم
0	1	يجري العمليات الحسابية مـن جمـع وطرح وضرب وقسـمة في رأسه بسرعة، حتى ولو كانت إعدادا كبيرة.	1-
0	1	يحدد بسهولة العيوب المنطقية في الإعلانات والحوارات السياسية وتفسيرات الناس.	2-
0	1	يستفسر بصورة مستمرة عن الكيفية والسبب وراء الأشياء في العلم، والأحداث وسلوك الآخرين، والعمل والعالم الطبيعي من حوله.	3-
0	1	يفتح الجريدة على تقارير سوق المال، أو القسم العلمي كل صباح.	4-
0	1	يجد متعة في التحدي الذي يواجهه عند معالجـة المشاكل التي تؤرق الآخرين، وحلها بنجاح.	5-
0	1	يسترخي خلال وقت فراغه ويمارس الكمبيوتر وألعاب الـدور، أو يقرأ كتب فيها أسئلة تستدعي الإمعان في التفكير.	6-
0	1	يكـون في فصول العلـوم، والرياضيات أفضـل مـن فصول اللغـة الإنجليزية أو التاريخ.	7-
0	1	يحب أن يغوص في تجارب مـاذا لـو"على سبيل المثال: مـاذا لـو ضاعفت كمية الماء التي أروي بها الورد كل أسبوع".	8-
0	1	يجد طريقة أو أسلوباً ما لتقييم الأمور بحل	9-

لا تنطبق	تنطبق	الفقـــرة	الرقم
		الخروج بحل مؤقت، وذلك في الوقت الـذي لم تكـن هنـاك " أي عوامل تساعده أو تبشره بذلك".	
0	1	يعتقد أن كل شيء له تفسير منطقي وعقلاني يمكننا التوصل إليه بالمثابرة والمحاولة الجادة.	10-
0	1	تسـتمع بـالرحلات إلى القبـة السماوية ومتـاحف الأحيـاء المائيـة ومتاحف الآثار، ومواقع التعليم والتثقيف الأخرى.	11-
0	1	يشعر بالراحة أكثر عندما يتم فحـص الأشياء وتحديـد مقدارها وشرحها بالتفصيل.	12-
0	1	يشترك في مجلات تهتم بالاكتشافات، والآثـار وأخبار البلـد أو أي مطبوعات أخرى تحفز الذهن.	13-
0	1	يحمل معه آلة حاسبة في حقيبته أو في جيب معطفه.	14-
0	1	يسلي نفسه هو وأصدقاؤه بالمفارقـات المنطقيـة أكثـر مـن المـزاح والتلاعب بالألفاظ.	15-
0	1	يقـدم لـه أجهـزة مثـل الميكروسـكوبات أو التليسـكوبات أو أي أدوات أخرى، كهدية في عيد ميلاده.	16-
0	1	يكتب توجيهات مفصلة وواضحة للوصول إلى أي وجهـة أو أداء المهام الأكثر تعقيداً	17-

تقدير الدرجات:

الأوزان: تنطبق (1) لا تنطبق (0)

- إذا كانت الدرجات ما بين (1-4) فإن ذكائك المنطقي على وشك الانهيار وتحتاج بسرعة كبيرة إلى تدريبات لتنمية قدرات الذكاء المنطقي / الرياضي لديك ... فوراً .....

- إذا كانت درجاتك ما بين (5-9) فانك تتعامل مع تحدياتك اليومية ولكنك لا تمضي قدماً في حياتك، وغالباً ما تبدو لك المشاكل مستعصية، وكثيراً ما تصبح ضحية لدرجة تجعلك تعتاد على ذلك، وتصبح مهاراتك في الرياضيات شيء لا يدعو للفخر.

- إذا كانت درجاتك ما بين (10-14) فانك في سبيلك إلى التقدم في العمل.

- إذا كانت درجاتك ما بين (15-17) فإن حاصل ذكائك المنطقي / الرياضي يقترب جداً من أقصى حد له، وليس أمامك إلا القليل، أو ليس أمامك شيء أخر تقوم به، وربما تكون مسئولاً أولاً عن العمل داخل مؤسستك، أو أستاذاً للمنطق، أو مديراً كبيراً لشركة.

رابعاً: قياس الذكاء الإبداعي:

لا تنطبق	تنطبق	الفقـــرة	الرقم
0	1	يتـوارد إليـك سـيل مـن الأفكـار نتيجـة لـبعض الأمـور التـي قـد صادفتها أو تعلمتها أثناء يوم ما.	1-
0	1	تجد نفسك بين الحين والأخر وقد اهتديت إلى فكر سديد، خاصة عنـدما تكون مضطراً لإيجاد حل ما لمشكلة طويلة المدى.	2-
0	1	تنتهي من مشاهدة عرض تلفازي دوماً أو فيلم دون المسـتوى، معتقـداً في إمكانية إخراجك أو كتابتك له بشكل أفضل..	3-
0	1	تتأقلم بسهولة مع الظروف والوظائف المغايرة.	4-
0	1	تتوهم ويخيل إليك رؤية نفسك بسيناريوهات تمثيلية وواقعية	5-
0	1	تتذكر حصولك علـى تقـدير امتيـاز في الكتابـة الإبداعيـة والفـن والدراما أثناء سنوات الدراسة.	6-
0	1	تستمتع بـتعلم المهـارات، والهوايـات، والرياضـيات، والحقـائق، والفلسفات، والمنظورات الثقافية والآراء الجديدة.	7-
0	1	تعي وجدانيا الوتيرة التي سوف تسير عليها المغنية أو المؤدية إثر سـماعك لـبعض كلـمات الأغنيـة، أو تـدرك نهايـة قصـة مـا بعـد قراءتك لبعض صفحاتها الأولى.	8-
0	1	تستنبط سبلا جديدة لإعادة تنظيم بعض الأمور بهدف تطويرها.	9-

-10	تشغل وظيفة تتعلق بالفنون، بدءا من التأليف والرسم، حتى هواية التمثيل والذهاب إلى دور السينما وزيارة المتاحف.	1	0
-11	تنتقي ملابس على احدث طراز أو زاهية اللون.	1	0
-12	تفشل أكثر من الآخرين نتيجة لإقدامك على المجازفة وتجربة كل ما هو جديد بشكل متزايد عنهم.	1	0
-13	تنفعل بشدة أكثر مما يفعل الآخرين.	1	0
-14	تطرح أو تفكر بأسئلة تحدد المعتقدات التي من شأنها مناهضة الافتراضات الشائعة والوتيرة التي تسير عليها الأمور.	1	0
-15	ترى أثناء نومك أحلاما جامحة وتتذكرها بعد استيقاظك في الصباح	1	0

تقدير الدرجات:

1- إذا تراوح مجموع درجاتك بين (1-4) فأنت لم تستغل قدراتك الفكرية، لذا فقد تواجه صعوبة لدى إقدامك على شحن قدرتك الفكرية الفاترة.

2- إذا تراوح مجموع درجاتك بين(5-8) فانك قد تكتفي فقط بمشاهدة فيلم أو عرض تلفازي أو كل ما هو إبداعي من قبل الآخرين. ولكنك لا تعتبر نفسك مبدعا، ونادرا ما تحاول الاستعانة بقدرتك الإبداعية.

3- إذا تراوح مجموع درجاتك بين (9-12) فإن مستوى ذكائك الإبداعي لا باس به.

4- إذا تراوح مجموع درجاتك بين (13-15) فليس هناك من يضاهيك في كيفية استثمار الذكاء الإبداعي.

خامساً: قياس الذكاء البدني / الحركي

الرقم	الفقـــرة	تنطبق	لا تنطبق
-1	تتعلم بسرعة عندما تحصل على آلة وماكينة، وتبـدأ بتشـغيلها بـدل من الاستماع إلى شـخص يعلمـك كيفيـة اسـتخدامها أو مشـاهدة شريط فيديو أو قراءة كتيب وإرشادات.	1	0
-2	منظم لصالة جيمانزيوم وتحافظ على الـروتين المنـتظم للزيـارات الأسبوعية.	1	0
-3	لديك شعور غريـزي (حركـة المعـدة - الإحسـاس الألم -الـدفء مـن المعدة) ويشـدك إلى القـرارات السـديدة والبعـد عـن تلـك التـي تتبعها عواقب غير مرغوبة.	1	0
-4	لديك موهبة تقليد حركة أو تحدث الآخرين.	1	0
-5	تتملكك حالة من عدم الراحة عنـدما يكـون عليـك أن تجلـس أو تقف أو تعمـل في مكـان واحـد أو عمـل واحـد متكـرر لأي فـترة زمنية.	1	0
-6	تعمل في وظيفة لها جانب بدني، كجراح، نجار، كاتب، أو موظـف حفظ ملفات، أو مهندس كمبيوتر.	1	0
-7	تستمتع بالعمل بيديك في الحديقـة وإصلاح الأدوات المنزليـة أو بناء مكان للشواء في الفناء.	1	0
-8	لديك اشتراك في قناة خاصة أو قنوات رياضية أخـرى، وتـؤثر مشـاهدة بطولة التزحلق أو العاب القوى الاولمبيـة، أو مبـاراة كـرة قـدم محليـة على مشاهدة البرامج الحوارية أو الدرامية.	1	0

لا تنطبق	تنطبق	الفقـرة	الرقم
0	1	تتبادر إلى ذهنك أفضل الأفكار إثنـاء المشيـ أو الهرولـة أو غسـل أطباق أو طلاء المنزل أو عندما تستعمل آلة جز العشب.	9-
0	1	تتحدث مستخدما يـديك، وتتحرك بشيء مـن الإثارة عنـدما تتحدث مع الآخرين.	10-
0	1	تستمتع بكوميديا حافلة بالخشونة مثل لوريل وهاردي، أو أفلام أكاديمية الشرطة، أو تحب مداعبة أصدقاءك.	11-
0	1	تخرج باستمرار لنزهات خارجية في نهاية الأسبوع.	12-
0	1	تظهر عليك أعراض النشاط المفرط	13-
0	1	تقضي عطلات نهاية الأسبوع في البحث عن رياضيات، كأن تكرس وقتك للعب التنس أو الجولف أو الاستعداد لماراثون	14-
0	1	تتألق في أي نشاط بدني مثل السباق أو السباحة أو كرة القدم.	15-
0	1	تتمتع بتناسق جسدي.	16-

تقدير الدرجات:

1- إذا تراوح مجموع درجاتك بين (1-4) فإن مواهبك البدنية لم يطرأ عليها أي تغيير، وإذا كنت تتحدث عن قوة جسدك وليس فطنة عقلك، فانك كمن ينطبق عليه المثل (أجساد متخمة، وقوى واهية).

2- إذا تراوح مجموع درجاتك بين (5-8) فإن ذكائك البدني لا يزال في حاجة إلى دفعة قوية.

3- أما إذا كانت درجاتك بين (9-13) فإن قدراتك البدنية تفوق المتوسط، وقليل من الجهد سوف يدفعك إلى قمة قياس مستوى الذكاء البدني.

4- إذا كانت درجاتك بين (14-16) فانك تتحلى بقدرات بدنية عالية، ويجب أن تكسب من وراء ذكائك البدني وإلا فانك تضيع مواهبك العظيمة هباء.

سادساً: الذكاء العاطفي

يرى (عثمان ورزق، 2001) أن الذكاء العاطفي يتضمن القدرة على الانتباه والإدراك الجيد للانفعالات والمشاعر الذاتية وفهمها وصياغتها بوضوح وتنظيمها وفقا لمراقبة وإدراك دقيق لانفعالات الآخرين ومشاعرهم للدخول معهم في علاقات انفعالية اجتماعية ايجابية تساعد الفرد على الرقي العقلي والانفعالي والمهني وتعلم المزيد من المهارات الإيجابية للحياة.

الرقم	الفقـــرة	تنطبق	لا تنطبق
1-	متعاطف مع الآخرين، بحيث يمكن بسهولة أن تلمس مشاعرهم من خلال إشارات جسدية بسيطة، ودون حاجة لأن يخبروك بما يشعرون.	1	0
2-	من النمط الذي يسعى إليه الأسرة والأصدقاء والزملاء طلبا للنصح والمشورة.	1	0
3-	تستمتع بالأنشطة الجماعية كعلبة البريد، أو الطائرة، أو الكرة المرنة أكثر من استمتاعك بالأنشطة الفردية كالجري والسباحة.	1	0
4-	تغض الطرف عن أخطاء الآخرين وعيوبهم.	1	0
5-	لديك الاستعداد لطلب المساعدة والنصح من الآخرين عند حاجتك لهم.	1	0
6-	قلما تفقد أعصابك وتخرج عن هدوئك أو تستشيط غضبا.	1	0
7-	تنجح في التغلب على تحدي تعليم الأفراد أو الجماعات. يعتبر الآخرين قائدا أو مصلحا.	1	0
8-	قلما تغلب عليك وتهزمك الأمزجة والنكسات والصدمات.	1	0

9-	غالباً ما تخرج بأفضل أفكارك وأنت تتحدث عن الآخرين.	1	0
10-	تشعر بالراحة مع الغرباء، والشخصيات والمجموعات الجديدة.	1	0
11-	لك نشاط اجتماعي فعال في أحد المؤسسات التطوعية التـي تهـب نفسها لمساعدة الآخرين.	1	0
12-	ترتاح لإظهار التعاطف مع البالغين من الجنسين.	1	0
13-	تسمح لنفسك بأن تشعر بمشاعرك وتعبر عنها.	1	0
14-	تشعر بتحسن عندما تعبر وتنفس عن مشاعر سلبية أو مؤلمة..	1	0
15-	قليلا ما تغضب عندما يخالفك شـخص في وجهـة نظـر أو ينتقـدك لفظيا.	1	0
16-	تحسب لمشاعرك حسابا عندما تتخذ قرارات مهمة.	1	0
17-	كنـت مشـهورا في المدرسـة وكثـيرا مـا اشـتركت باتحـاد الطلبـة أو الأندية.	1	0
18-	تعمل بشكل أفضل مع الآخرين، وكعضو في الفريق.	1	0
19-	تعرف ما يشـعر بـه جميـع أفـراد المجموعـة، وقـدرتك عـلى فهـم الاتجاه العام السائد بينهم.	1	0
20-	قلما تضيع وقتك بـالتفكير في أخطـاء المـاضي ومـا حـدث فيـه مـن الفشل.	1	0
21-	نادراً ما تشعر بحسد وغيرة تجاه الآخرين	1	0

تقدير الدرجات:

1- إذا كانت درجاتك من (1- 5) فمعنى ذلك أنك تركت لذكائك العاطفي الفرصة لأن يشيخ ويهرم. بل قد تكون لديك نظرة سلبية للحياة، وتستجيب للضغوط والشدائد بشكل سلبي. وتسمح للظروف بأن تأخذ الإحباط إلى نفسك، بل قد تشعر بعزلة عاطفية وعدم راحة تجاه مشاعرك أنت ومشاعر الآخرين كذلك.

2- إذا كانت درجاتك من (6- 12) فإن الشدائد قد تصيبك بالإحباط وتمر بك لحظات تشعر فيها بحزن حقيقي.

3- إذا كانت درجاتك من (13- 18) فهذا يعني أن هناك تواصل بينك وبين نفسك وبينك وبين الآخرين، وإن الايجابية ترتفع عن السلبية حتى في أوقات الشدائد، وقلما تشعر باكتئاب حقيقي. وفي الحقيقة أن هذا يعني أن ذكاؤك العاطفي مرتفع للغاية.

4- إذا كانت درجاتك من (19-21) فمعنى هذا أنك شخص محبوب ومتوازن بالإضافة إلى أنك شخص يتميز بالقيادة وتتمتع بموقف ممتع إيجابي، حتى في أحلك الظروف، كما أن ذكاؤك العاطفي أصبح أقرب ما يكون إلى القمة.

عاشرا: قياس الموهبة

هذه الأداء صممت من أجل الكشف عن الطلبة الموهوبين ليتسنى للمرشد توعية أولياء أمورهم والمعلمين بهذه المجالات، وليتسنى عمل برامج إثرائية تساعدهم في تنمية مجالات موهبتهم.

تعريف مارلاند للموهبة (Marland, 1971) وهوا لتعريف الذي تبنته اللجنة الحكومية الأمريكية للتربية ويشير التعريف إلى أن الموهوب هو ذلك الفرد الذي تمكنه قدراته العالية من القيام بأداء متميز والذي يحتاج إلى خدمات و/أو برامج تربوية خاصة فوق ما يقدم عادة في البرامج المدرسية العادية وذلك ليتمكن من تحقيق إسهاماته نحو ذاته ونحو مجتمعه، إن الموهوب انطلاقا من ذلك هو الفرد الذي أظهر فعلا أداء متميزا أو لديه إمكانية القيام بهذا الأداء في واحد أو أكثر من المجالات التالية: القدرة العقلية العامة، الاستعدادات الأكاديمية الخاصة، التفكير المنتج أو المبدع، القدرة على القيادة، الفنون المرئية أو الأدائية، القدرة النفس حركية، كما عرف رونزلي الموهبة(Renzulli, 1985) من خلال تعريف يتضمن وجود ثلاث سمات نفسية أساسية للموهبة ترتبط مع بعضها ارتباطا عضويا وتتمثل هذه السمات فيما يلي:

- قدرة تفوق المتوسط، وإبداع.
- دافعية أو التزام بأداء المهام.
- ويشترك رنزولي في وجود السمات الثلاث مجتمعة لظهور الموهبة التي يمكن أن تبرز من خلال أداء ما.

مقياس للكشف عن الطلبة الموهوبين في الصفوف(الثامن، التاسع، العاشر)

عزيزي المعلم/ عزيزتي المعلمة .... يتضمن هذا المقياس مجموعة من المقاييس حاول أن تكون قراءتك لكل فقرة من فقرات هذه المقاييس دقيقة بحيث تدقق معناها

ومغزاها وحاول الإفادة من هذه المقاييس في تشكيل صورة عامة عن السمات العامة والخاصة للطالب الموهوب.

تعليمات الإجابة:

يتضمن المقياس عشرة مقاييس حاول معاملة كل مقياس منها بصورة منفردة فكل مقياس يكشف عن السمة التي وضع من أجلها. أقرأ كل فقرة قراءة جيدة ودقيقة وضع أشارة (✖) مقابلها في العمود الذي يناسب إجابتك حول مضمون الفقرة حيث أن الإجابة تتكون من أربعة مستويات: نادراً، أحياناً، كثيراً، دائماً.

تأكد أنك أجبت جميع الفقرات على المقاييس العشرة.

دائماً	كثيراً	أحياناً	نادراً	أولاً: سمات التعلم	الرقم
3	2	1	0	يوجد لدى الطالب حصيلة غير عادية من المفردات المتقدمة ويستخدمها بطريقة معبرة ويتصف سلوكه اللفظي بالتعبير الغني والطلاقة	1-
3	2	1	0	يملك حصيلة وفيرة من المعلومات حول موضوعات متنوعة وأعلى من مستوى اهتمام زملائه	2-
3	2	1	0	لديه القدرة الفائقة في حفظ واسترجاع ما تم حفظه من معلومات	3-
3	2	1	0	لديه القدرة على ربط العلاقات السببية بمعنى أنه قادر على ربط السبب بالمسبب	4-
3	2	1	0	لديه السرعة في إدراك المبادئ الرئيسية وفهمها،	5-

120

الرقم	أولاً: سمات التعلم	نادراً	أحياناً	كثيراًَ	دائماً
	ولديه القدرة على الوصول إلى تعميمات حـول الأحـداث والأشخاص				
-6	لديه درجة عالية من الانتباه وشدة الملاحظة (مثال: لديه القدرة على رؤية الأشياء والخروج بملاحظات مـن قـراءة قصة أو مشاهدة فيلم قد لا يستطيع ملاحظتها الشـخص العادي)	0	1	2	3
-7	يهتم بالقراءة كثـيرا، ويركـز عـلى قـراءة الكتـب الموجهـة للفئات العمريـة التـي تكـبره سـنا ويحبـذ قـراءة الكتـب الصعبة	0	1	2	3
	المجمـوع				

الرقم	ثانياً: سمات الدافعية	نادراً	أحياناً	كثيراًَ	دائماً
-1	سريع الضجر من المهمات الروتينية	0	1	2	3
-2	بحاجـة إلى قليـل مـن التعزيـز الخـارجي والدافعيـة الخارجية لمساعدته في انجاز الأعمال والمهمات التـي تثـير اهتمامه	0	1	2	3
-3	ينشد الكمال والدقة ويميل إلى نقـد ذاتـه ولا يـرضى عـن مستوى انجازه وسرعته في تنفيذ المهمات الموكلة إليه	0	1	2	3

3	2	1	0	يفضل العمل لوحدة ويحتاج إلى القليل من التوجيه من قبل معلميه	4-
3	2	1	0	لديه اهتمام بالقضايا التي يهتم بها الكبار مثل الدين والسياسة والجنس والسباقات بدرجة أكبر من الأشخاص الذين ينتمون إلى فئته العمرية	5-
3	2	1	0	يحب تنظيم الأشياء والأشخاص والتحكم في الظروف وتحديد البنى الملائمة لها	6-
3	2	1	0	يهتم بالمسائل والعمليات التقويمية ويصدر الأحكام (صح- خطأ، رديء- جيد) ويطلق أحكامه على الأحداث والأشخاص والأشياء	7-
				المجموع	

دائماً	كثيراً	أحياناً	نادراً	ثالثاً: السمات الإبداعية	الرقم
3	2	1	0	لديه قدر كبير من الفضول وحب الاستطلاع على كثير من الأحداث والأشياء ويستفسر كثراً حول كل شيء	1-
3	2	1	0	يتصف بالصراحة في طرح وجهة نظره ولا تكبحه تغييرات معينة.	2-
3	2	1	0	يميل إلى المخاطرة والمغامرة.	3-

4-	خياله واسع ولديه القدرة على التلاعب بالأشياء والصور بصورة ذكية، ويهتم بتعديل المؤسسات والمنظومات والأشياء وتكييفها وتحسينها	0	1	2	3
5-	لديه حساسية عالية، فهو قد يرى الدعابة أو الفكاهة في أشياء قد لا تبدو كذلك للآخرين	0	1	2	3
6-	لديه حساسية عاطفية ويتميز بقدرته على ضبط انفعالاته	0	1	2	3
7-	حساس للجمال ويميل نحو الأشياء الجميلة في الشيء	0	1	2	3
8-	لديه القدرة على النقد البناء ويهتم بفحص الأمور قبل تقبلها	0	1	2	3
	المجموع				

الرقم	رابعاً: سمات القيادة	نادراً	أحياناً	كثيراً	دائماً
1-	لديه القدرة على تحمل المسؤولية	0	1	2	3
2-	واثق من نفسه وذو شخصية قوية أثناء تقديمه لعمله أمام زملائه في الصف	0	1	2	3
3-	محبوب من قبل زملائه في الصف	0	1	2	3
4-	يستخدم لغة جيدة ومفهومة للتعبير عن نفسه ببراعة	0	1	2	3

-5	لديه القدرة على التكيف مع الظروف البيئية الجديدة ويتمتع بمرونة أفكاره ولا يبدو عليه التشتت والارتباك في حال كسر الروتين	0	1	2	3
-6	يميل إلى السيرة على الآخرين ويقود الأنشطة التي يشارك بها	0	1	2	3
-7	يشارك في الأنشطة التي تقوم بها مدرسته	0	1	2	3
-8	متعاون مع زملائه ومعلميه	0	1	2	3
	المجموع				

الرقم	خامساً: سمات البراعة الفنية	نادراً	أحياناً	كثيراً	دائماً
-1	يحب المشاركة في الأنشطة الفنية ويتوق إلى التعبير عن الأفكار بشكل صوري	0	1	2	3
-2	يقدم حلولا فريدة غير تقليدية لما يعرض له من مشكلات فنية	0	1	2	3
-3	يركز لوقت طويل في عمل المشاريع الفنية	0	1	2	3
-4	يقبل برضى ويحاول التعامل مع الوسائل المختلفة، كما يقوم بتجريب ما يعمله باستخدام أساليب ومواد متنوعة	0	1	2	3
-5	يميل إلى اختيار وسائل فنية للقيام بالأنشطة الحرة في الغرف الصفية فيما قد لا يراه غيره	0	1	2	3

-6	لديه حساسية خاصة فهو ملاحظ حاد، حيث يلاحظ الأشياء غير العادية والتي قد يفشل الآخرين في ملاحظتها	0	1	2	3
-7	يقدم عملا فنيا منسقا ومنظما ومتزنا	0	1	2	3
-8	يقوم بنقد عمله، كما يضع معايير نوعية عالية المستوى لتقويم أعماله الفنية، ويعيد النظر بها بهدف تحسينها	0	1	2	3
-9	يبدي اهتماما بأعمال زملائه الآخرين، ويقضي وقتا في دراسة ومناقشة هذه الأعمال	0	1	2	3
-10	لديه القدرة على خلق واستخلاص الأفكار الجديدة من نقاش الآخرين، ويقوم باستخدامها بشكل وظيفي دون القيام بنسخها	0	1	2	3
	المجموع				

الرقم	سادساً: السمات الموسيقية	نادراً	أحياناً	كثيراً	دائماً
-1	يبدي اهتماما دائماً بالموسيقى وينتهز الفرص لسماع الموسيقى وتأليفها	0	1	2	3
-2	يدرك الفروق الدقيقة مهما صغرت بين النغمات الموسيقية	0	1	2	3

3	2	1	0	يتذكر الألحان بسهولة، ويستطيع تأليف الألحان وإعادة عزفها بصورة دقيقة	3-
3	2	1	0	يشارك بجدية وحما في الأنشطة الموسيقية	4-
3	2	1	0	يعزف على الآلات الموسيقية أو يظهر رغبة قوية في ذلك	5-
				المجموع	

دائماً	كثيراً	أحياناً	نادراً	سابعاً: السمات المسرحية	الرقم
3	2	1	0	يستخدم الإيماءات الجسدية وتعبيرات الوجه بفاعلية للتعبير عن مشاعره	1-
3	2	1	0	يقوم بلعب الدور الارتجالي دور الممثل في اللحظة المناسبة	2-
3	2	1	0	يعرض نفسه لدرجة القدرة على تقمص خصائص ومزاج الشخصيات التي يقوم بتمثيلها	3-
3	2	1	0	يتعامل مع جسمه براحة وتوازن ينسجم مع المرحلة العمرية التي ينتمي لها	4-
3	2	1	0	يقوم بعمل مسرحيات أصيلة أو يقوم بحبك مسرحيات من القصص	5-

3	2	1	0	يجذب الانتباه من قبل الآخرين عندما يتكلم	6-
3	2	1	0	يستجر الإجابات العاطفية وإدخال السرور إلى نفوس المشاهدين وإضحاكهم	7-
				المجموع	

دائماً	كثيراً	أحياناً	نادراً	ثامناً: سمات الاتصال (الدقة)	الرقم
3	2	1	0	كلامه وكتاباته واضحة ومحددة ومباشرة	1-
3	2	1	0	يعدل ويتكيف في التعبير عن أفكاره لكي يتم إدارتها بالكامل	2-
3	2	1	0	قادر على مراجعة وصياغة ما يريد بطريقة موجزة، ولكنه لا يفضل الأفكار الأساسية	3-
3	2	1	0	يفسر الأشياء بشكل واضح ودقيق	4-
3	2	1	0	يستخدم أفكار أو تعبيرات تضفي على أحاديثه لون وإحساس وجمال	5-
3	2	1	0	يعبر عن احتياجاته بدقة ووضوح وإيجاز	6-
3	2	1	0	لديه القدرة على استخدام طرق التعبير الكثيرة لتوضيح آرائه للآخرين	7-

الرقم	ثامناً: سمات الاتصال (الدقة)	نادراً	أحياناً	كثيراًَ	دائماً
-8	لديه القدرة على وصف الأشياء بعدد قليل من الكلمات المناسبة	0	1	2	3
-9	قادر على إبراز الظلال الدقيقة للمعاني باستخدام المرادفات المتوافرة لديه	0	1	2	3
-10	لديه القدرة على التعبير عن آرائه بطرق كثيرة	0	1	2	3
-11	لديه القدرة على معرفة واستعمال الكلمات ذات المعاني المتقاربة والمترابطة	0	1	2	3
	المجموع				

الرقم	تاسعاً:: سمات الاتصال التعبيرية	نادراً	أحياناً	كثيراًَ	دائماً
-1	يستخدم نبرة الصوت لنقل المعنى بصورة واضحة	0	1	2	3
-2	يوصل المعلومات غير اللفظية عن طريق تعبيرات الوجه والجسد	0	1	2	3
-3	لديه أسلوب مشوق في سرد القصص	0	1	2	3
	المجموع				

الرقم	عاشاً: سمات التخطيط	نادراً	أحياناً	كثيراً	دائماً
-1	يسمح بإعطاء الوقت لتنفيذ كل الخطوات المتضمنة في العمل	0	1	2	3
-2	ينظم عمله بصورة جيدة	0	1	2	3
-3	يدرك ويعرف الطرق البديلة لتحقيق الهدف	0	1	2	3
-4	يستطيع تحديد النقاط الصعبة التي تعترض تنفيذ النشاط أو العمل	0	1	2	3
-5	يرتب خطوات تنفيذ المشروع بطريقة معتدلة ومتسلسلة	0	1	2	3
-6	جيد في تحليل النشاطات إلى خطوات جزئية	0	1	2	3
-7	تأسيس وإنجاز أولويات عند تنظيم النشاطات	0	1	2	3
-8	قادر على إدراك المحددات من مكان وإمكانيات مادية وبشرية في المشاريع المختلفة	0	1	2	3
-9	قادر على إيجاد التفصيلات لتطوير الخطة أو الإجراء	0	1	2	3
-10	توفير البدائل لتوزيع العمل أو تحديد الأشخاص لإنجاز العمل	0	1	2	3
	المجموع				

(فيلان، 1995)

إحدى عشر: مقياس الكشف عن التوحديين.

مفهوم التوحد:

إن الكثير من العلماء وضعوا العديد من التعاريف للتوحد واغلبها ركزت على الأنماط والأعراض السلوكية ومثال ذلك:

- روتينية الأعمال.

- نشاط سلوكي غير هادف.

- حركات نمطية متكررة ومتوافرة.

- الانشغال الزائد بالذات والجسم.

- ضعف الاستجابة للمثيرات المحيطة وخاصة الحسية.

ويمكن تعريف التوحد: على انه خلل وظيفي في المخ لم يصل العلم إلى تحديد أسبابه ويظهر في الخمس السنوات الأولى من عمر الطفل ويتميز في النمو الاجتماعي والإدراكي والتواصل مع الآخرين.

إن التوحد إعاقة تصيب التطور الطبيعي لنمو الجانب الإدراكي والفهم ويمكن من خلال التدرب والتعليم بطريقة خاصة الوصول لنتائج ايجابية تساعد الطفل لان يكون عضواً منتجاً في المجتمع. وذلك إن الطفل التوحدي يكون لديه اضطراب حاد في اكتساب المهارات التي يكتسبها الطفل العادي بشكل طبيعي من والدته والمجتمع، إن الطفل التوحدي لا يمكنه اكتساب المهارة إلا بطريقة خاصة في التعلم والتدريب، وان الطفل التوحدي يولد لا يوجد عنده أي أعاقه جسدية أو خلقية وتبدأ المشكلة في ملاحظة الضعف والتواصل مع الآخرين وعدم القدرة على تكوين العلاقات الاجتماعية وميله للعزلة مع ظهور مشاكل في اللغة أن وجدت ومحدودية فهم الأفكار وهم يختلفون عن الأطفال المعوقين عقلياً علماً أن بعضهم لديهم قدرات ومهارات فائقة فقد تبرز في

مسائل الرياضيات أو في الموسيقى أو في الرسم. وأن التوحد شكل من أشكال الاضطرابات العقلية الأساسية تختلف باختلاف الصلة مع الواقع.

عزيزي ولي الأمر/المربي المحترم

فيما يلي مقياسا مخصصا للكشف عن حالات بعض الأطفال الذين يشك بوجود بعض الاضطرابات والمشكلات لديهم، وبشكل خاص فإنه يعنى بالأطفال الذين يشك بأن لديهم نقص في التفاعل الاجتماعي والتواصل اللغوي وقصورا في إدراكهم، أو لديهم سلوكيات نمطية وتكيفيه تؤثر عليهم.

وكما تعلمون فإن الكشف المبكر يساعد في التعامل مع هؤلاء الطلبة، كما أن حصرهم يعد الخطوة الأولى من أجل تقديم خدمات مناسبة لهم، فنرجو أن لا تترددوا في تطبيق الاستبيان على جميع الطلبة أو الأطفال الذين يشك بوجود مشكلات واضطرابات خاصة لديهم. علما أن هذا المقياس مخصص للأغراض العلمية أولا ثم لأغراض علاجية اختيارية لاحقا، فنرجو الدقة في تقديم المعلومة، شاكرين لكم حسن تعاونكم في مساعدة هذه الفئة.

أولا: استمارة البيانات الأولية للحالة:

مصدر جمع المعلومات: الأب - الأم -معلم تربية خاصة - معلم صف - مركز صحي- أخصائي نفسي - أخصائي اجتماعي - أحد الأقرباء - آخرون (على أن لا تكون معرفة مصدر جمع المعلومات بالطفل أقل من 6 شهور)

اسم الطفل: ....

تاريخ الميلاد: /   /   م،

جنس الطفل: ذكر /أنثى

مستوى تعليم الأب:

أقل من توجيهي - توجيهي - كلية - جامعة - دراسات عليا

مستوى تعليم الأم:

أقل من توجيهي - توجيهي - كلية - جامعة - دراسات عليا

عمل الأب:

التعليم - الصحة - التجارة - أعمال يدوية - أعمال أخرى حدد ....

عمل الأم:

التعليم - الصحة - التجارة - أعمال يدوية - أعمال أخرى حدد ....

عدد الأخوة: .... ترتيب الطفل بين الإخوة: ....

هل توجد إعاقات أخرى في الأسرة: لا - نعم - حدد: ....

المستوى الاقتصادي للأسرة:

- أقل من 150 دينار - بين 150-300 دينار

- بين 301-500 - أكثر من 500 دينار

المكان الملتحق به الطفل حاليا:

روضة - مدرسة حكومية - مدرسة خاصة - مركز نهاري -مركز داخلي - جمعية خيرية - مستشفى - المنزل

المنطقة: ....

اللغة عند الطفل:

قادر على الكلام - يستخدم الإشارة - غير قادر على الكلام أو الإشارة

العمر الذي لاحظ الأهل أن الطفل غير طبيعي: ....

أهم ملاحظات الأهل والمعلمين عن الطفل:

-1 ....

-2 ....

ثانيا: مقياس الكشف عن الأطفال التوحديين

علما أن الفقرات تتضمن الخيارات (لا تنطبق أبدا - تنطبق أحيانا - تنطبق غالبا - تنطبق دائما)

الرقم	الفقرة	المجال	لا تنطبق أبدا	تنطبق أحيانا	تنطبق غالبا	تنطبق دائما
-1	يتجنب النظر مباشره إلى وجوه الآخرين أثناء الحديث معه أو مداعبته.	التفاعل الاجتماعي	4	3	2	1
-2	يفضل البقاء بمفردة أو الجلوس منعزلاً عن الآخرين		4	3	2	1
-3	يفشل في بدء حديث مع المحيطين به أو تحيتهم أو الابتسام لهم.		4	3	2	1

-4	يتجاهل الآخرين عند محاوله جذب انتباهه من مثل (مناداته باسمه - تحيته مداعبته)		4	3	2	1
-5	يتقرب من الآخرين بطرق غير مقبولة (دفعهم-شدهم- ضربهم).		4	3	2	1
-6	يفشل في استخدام الإشارة والإيماءات الجسدية في المشاركة الاجتماعية.		4	3	2	1
-7	يتظاهر بالانشغال أو ينسحب في المواقف الاجتماعية.		4	3	2	1
-8	يصعب عليه فهم مشاعر الآخرين مثل (حزنهم - فرحهم - غضبهم).		4	3	2	1
-9	يظهر لا مبالاة نحو أشكال الترفيه الاجتماعي مثل (الزيارات - الرحلات - المناسبات الاجتماعية)		4	3	2	1
-10	تبدو ملامح وجهه باردة غير معبره عن أي مشاعر عاطفيه وانفعاليه.		4	3	2	1

-11	يفشل في الالتفات مباشرة عند مناداته باسمه	القصور في التواصل اللغوي	4	3	2	1
-12	يتجاهل التعلـيمات والأوامـر الموجهـة إليه (اقذف الكرة - افتح الباب)		4	3	2	1
-13	يفشل في التعبير عن ألمه وانزعاجـه أو فرحه بأصوات أو كلمات مناسبة.		4	3	2	1
-14	يصعب عليه تنفيـذ تعلـيمات تتضـمن ظرفي المكان والزمـان (تحـت - فـوق - صباحاً - مساءاً).		4	3	2	1
-15	يفشل في تسميه الأشـخاص أو الأشـياء بمسمياتها الصحيحة.		4	3	2	1
-16	يخلط في استخدام الضمائر (أنا - أنـت - هو - هي) ويصعب عليـه اسـتخدام كلمتي (نعم/ لا)		4	3	2	1
-17	يصـدر أصـوات غريبـة لـيس لهـا أي معنى مثل (إي ي ي - آه ه ه).		4	3	2	1
-18	يردد الكلمات التي يسمعها مبـاشرة أو بعد فتره من الزمن.		4	3	2	1

-19	يـردد الكلـمات التـي يسـمعها بنـبرة معينة أو طبقة صوتية واحـدة أو دون إدراك معناها.		4	3	2	1
-20	يعتمـد عـلى اسـتخدام الإشـارات أو الصور أكثر من الكلمات.		4	3	2	1
-21	يرتـب الأشـياء الخاصـة بـه مـن مثـل (ألعاب - مكعبـات - أقـلام ...) بـنفس الطريقة.	السلوك النمطي	4	3	2	1
-22	يقـاوم التغيير في بيئتـه مثـل (ترتيـب أثاث غرفته وأدواته وألعابه وملابسه - مكـان جلوسـه في الصـف أو غرفـه الطعام).		4	3	2	1
-23	يصر على تكرار نشاطات معينه بشكل آلي مثـل (مشـاهدة قنـاة تلفزيونيـه محدده - سماع شريط موسيقى معـين - النقر على طاوله - فتح وإغلاق كبس الإنارة).		4	3	2	1
-24	يفضل أنواع محددة من الأطعمة دون غيرها.		4	3	2	1
-25	يقوم بتدوير الأشياء أو الـدوران حـول نفسه بشكل آلي.		4	3	2	1

-26	ينـزعج أو يهتـاج عنـد سـماع أصـوات معينة مثـل (صـوت جـرس أو مكنسـة كهربائية أو فرقعه بالون).		4	3	2	1
-27	يستجيب للمثيرات البصرية بطرق غير طبيعيه مثل (يغمـض عينـه - يتجنـب ضـوء الشـمس - يحـدق في الأشـياء اللامعة).		4	3	2	1
-28	يبالغ في استجابته للمواد التـي تلامـس جسـمه مثـل (الأقمشـة الصـوفية أو الحريريـة - مشـط الشـعر - ليفـه الاستحمام).		4	3	2	1
-29	يميـل إلى المشيـ عـلى رؤوس أصـابع القدم أو عقب القدم.		4	3	2	1
-30	يصر على التعلق بأشياء محدده (دمية - وساده - لحاف السرير - حيوانات).		4	3	2	1
-31	يفشل في التعبـير عـن شـعوره بـالفرح عندما تقدم له لعبه جديدة.	القصور في اللعب التمثيلي	4	3	2	1
-32	يفضل اللعب بمفرده		4	3	2	1

-33	يستخدم اللعب بطرق غير مألوفة مثل (تدوير عجلات السيارة أو فتح وإغلاق أبوابها - تشغيل مصدر الصوت - فتح وإغلاق عيني الدمية).		4	3	2	1
-34	ينشغل بلعبه مفضله لديه لفترة طويلة.		4	3	2	1
-35	يأخذ ألعاب الآخرين دون تقدير لانزعاجهم أو غضبهم.		4	3	2	1
-36	يفتقر لعبه إلى صفات التخيل والتغيير مثل (التظاهر بأن علله الألوان هاتف أو مكعبات صغيره بأنها سيارات).		4	3	2	1
-37	يصعب عليه إعطاء صفات غير حقيقة للألعاب مثل (التظاهر بأن دمية العروسة حزينة أو لعبه المكواة ساخنة أو عجينه الصلصال).		4	3	2	1
-38	يفشل في التظاهر بأنه يلعب بأشياء وهمية غير موجودة مثل (التظاهر بأنه يلعب بسيارة أو دمية غير موجودة أمامه).		4	3	2	1

-39	يفتقر إلى مهارات تقليد أدوار الآخرين مثل (دور طبيب يكشف عـلى مـريض، دور أم ترعى أطفالها).		4	3	2	1
-40	يكـرر أداء دوره في عمـل تمثـيلي كـما شاهده دون أي تغيير.		4	3	2	1
-41	يواجهه صعوبة في الانتباه نحـو نشـاط معين أو مهمة تعليمية.	القصور في الإدراك	4	3	2	1
-42	يواجه صعوبة في نقـل مـا تعلمـه مـن مهارات من مكان لآخر مثل (استخدام حمامـات مختلفـة - اسـتخدام أدوات طعام مختلفة).		4	3	2	1
-43	يواجه صعوبة في الاسـتماع لتوجيهـات المعلمـة وملاحظـه السـبورة في وقـت واحد.		4	3	2	1
-44	يفشل في تمييز الأشخاص عنـد اخـتلاف الأماكن التي يراهم فيها عادة.		4	3	2	1
-45	يفشل في تذكر أحـداث متسلسـلة مـر بها.		4	3	2	1

-46	يحفظ الأغاني والإعلانات التلفزيونية وشكل الطرقات أو أرقام الهواتف عن ظهر قلب.		4	3	2	1
-47	يتذكر المعلومات البصرية بشكل أفضل من المعلومات السمعية.		4	3	2	1
-48	يصعب عليه التمييز بين المتضادات مثل (حلو - مالح، قلم طويل - قلم قصير).		4	3	2	1
-49	يركز على جزء محدد من النشاط متجاهلاً بقيه الأجزاء.		4	3	2	1
-50	يصعب عليه التصرف إذا تعرض لمشكله معينة مثل (التعرف بنفسه عندما يضيع في مكان مزدحم، الاتصال بالبيت عند تأخر السائق).		4	3	2	1

(هذا المقياس من إعداد المؤلف والدكتور جهاد القرعان والدكتور خالد الحموري والأنسة رولا البطاينة ضمن بحث حول تحت النشر حول حصر الأطفال التوحديين).

طريقة التصحيح والتفسير:

عدد فقرات المقياس (50) ويتألف المقياس من خمس أبعاد، وكل بعد عشرة فقرات، تتراوح علامة كل بعد من الأبعاد ما بين (10-40) والمتوسط هو (25) وتتراوح علامة المقياس ككل ما بين (50-200) والمتوسط (125) ويشك بوجود توحد كلما ارتفعت علامة الطفل.

اثني عشر: اختبار التوافق الدراسي

الزيادي (1964)، تعديل وتقنين الجنيدي جباري بلابل.

يتكون الاختبار من سبعة أبعاد وهي:

1- العلاقة بالزملاء.

2- العلاقة بالأساتذة.

3- أوجه النشاط الاجتماعي.

4- الاتجاه نحو المدرسة.

5- طريقة الاستذكار.

6- تنظيم الوقت.

7- التفوق الدراسي.

بيانات أولية: .... النوع (ذكرا\ أنثى): ....

المدرسة / الكلية: .... الشعبة أو التخصص: ....

تاريخ الميلاد تاريخ الإجراء: / / م

المرجو منك: أن تقرأ كل عبارة من هذه العبارات بدقة ثم تبدي رأيك بوضع علامة (صح) أسفل الاختيار الذي ينطبق عليك

- أن تكون إجابتك عن كل عبارة أو اختيارك للإجابة من واقع خبرتك الشخصية.
- لا تضع أكثر من علامة واحده أمام عبارة واحده.
- لا تنس أن تجيب على كل العبارات.
- لاحظ أنه لا توجد إجابات صحيحة وأخرى خاطئة، والإجابة تعد صحيحة فقط طالما تعبر عن حقيقة شعورك تجاه المعنى الذي تحمله العبارة.

لا أوافق تماما	لا أوافق	أوافق	أوافق تماما	الفقرة	الرقم
1	2	3	4	هل تتفق الدراسة مع ميولك واهتماماتك	1-
4	3	2	1	هل تعتقد أنه لا فائدة من التعليم إذا ما قورن بالمهن الأخرى	2-
4	3	2	1	هل تشعر بأن معظم طلاب الفصل يريدون استبعادك من رحله مقررة سيقوم بها الفصل	3-
4	3	2	1	هل تعتقد بأن معظم المواد الدراسية صعبه ويستحيل فهمها	4-
4	3	2	1	هل تقلق لفترة طويلة إذا تعرضت لاهانة من أحد الناس	5-
4	3	2	1	هل يتجاهلك زملاؤك في بعض المواقف	6-
4	3	2	1	هل ترتبك بسرعة في أبسط الأمور	7-
1	2	3	4	هل تتفق دراستك مع ميولك واهتماماتك	8-
1	2	3	4	هل تساعد زملاؤك إذا طلبوا منك عونا	9-
4	3	2	1	هل تبكي بسرعة إذا قابلتك مشاكل كثيرة	10-
4	3	2	1	هل تشعر غالبا بالضيق مع بداية اليوم الدراسي	11-
1	2	3	4	هل علاقتك بوالديك طيبة	12-
4	3	2	1	هل تمنيت أن تعود طفلا	13-
1	2	3	4	هل لديك رغبة قوية في الدراسة	14-

الرقم	الفقرة	أوافق تماما	أوافق	لا أوافق	لا أوافق تماما
15-	هل تشعر بعواطف متناقضة من الحب والكراهية نحو بعض أفراد أسرتك	1	2	3	4
16-	هل تعتقد أن معظم المدرسين يشعرون نحوك بالمودة	4	3	2	1
17-	هل تعتقد بأنك كنت في الماضي أكثر سعادة مما أنت فيه الآن	1	2	3	4
18-	هل تفضل التغيب عن المدرسة كلما استطعت ذلك	1	2	3	4
19-	هل تشعر عادة بحرج من الاتصال بالمدرسين	1	2	3	4
20-	هل تفضل أن تعيش في عالم الأحلام بدلا من التفكير في الواقع	1	2	3	4
21-	هل يرفض والدك آراءك في أغلب الأحيان	4	3	2	1
22-	هل تشعر أن المدرسين أناس متعسفون	1	2	3	4
23-	هل تشعر بأن المستقبل مظلم بالنسبة لك	1	2	3	4
24-	هل فكرت في أن تؤدب الطلاب الذين أساؤا إليك عن طريق انتظارهم خارج المدرسة لتعاقبهم	1	2	3	4
25-	هل تشعر أنك أقل من زملاءك في النواحي العقلية	1	2	3	4

-26	هل تجد تشجيعا من والدك على الدراسة والانتظام فيها	4	3	2	1
-27	هل سبق أن تمنيت لنفسك الموت في بعض الأحيان حتى تبعد عن الدنيا وما فيها	1	2	3	4
-28	هل يعتقد والدك أن معظم أفعالك خاطئة	1	2	3	4
-29	هل تفهم غالبا الدوافع وراء تصرفاتك	4	3	2	1
-30	هل تذاكر دروسك بانتظام أول بأول	4	3	2	1
-31	هل تتجنب مقابلة الناس غالبا	1	2	3	4
-32	هل تشعر أن بعض قدراتك الذهنية أقل من زمـلاءك في مثل سنك	1	2	3	4
-33	هل تشعر بالملل والضيق أثناء المذاكرة	1	2	3	4
-34	إذا تعرضت لاهانة بعض الناس فهل تقلق لفترة طويلة	1	2	3	4
-35	هل تفضل قضاء معظم أوقات الدراسة في اللعب	1	2	3	4
-36	هل تشعر بقلق دائم دون سبب ظاهر	1	2	3	4
-37	هل يشرد ذهنك كثيرا أثناء الحصص	1	2	3	4
-38	هل تشعر بالصداع ودوخة دون سبب	1	2	3	4

-39	هل تشعر برغبة في النوم في معظم الأحيان	1	2	3	4
-40	هل تتشاجر كثيرا مع أخواتك	1	2	3	4
-41	هل تعتقد أن معظم المدرسين يحبونك	1	2	3	4
-42	هل تترد كثيرا في أن تسأل المدرس عما لا تفهمه	1	2	3	4
-43	هل تحب أن تتعاون مع زملائك في مشروع ما	4	3	2	1
-44	هل تخشى الإجابة على سؤال المدرس بالرغم من أنك تعرف الإجابة الصحيحة	1	2	3	4
-45	هل علاقتك بإخوانك طيبة	4	3	2	1
-46	هل تشعر بالتعب والإنهاك الشديد عند استيقاظك صباحا	1	2	3	4
-47	هل تراودك الرغبة كثيرا في الخروج من الحصة أثناء الشرح	1	2	3	4
-48	هل تشعر أن واليك لا يهتمان بك	1	2	3	4
-49	هل تجد سهوله في تكوين الصداقات	4	3	2	1
-50	هل تعتمد في أغلب الأحيان على الآخرين في حل واجبات	1	2	3	4
-51	هل تضطرب اضطرابا شديدا عند دخول الامتحان لدرجة تمنعك من المذاكرة	1	2	3	4

-52	هل تتضايق من الالتزام بالنظام المدرسي	1	2	3	4
-53	هل تشعر برغبة شديدة في الهرب من المنزل	1	2	3	4
-54	هل تشعر بالذنب إذا تأخرت عن الدوام المدرسي	1	2	3	4
-55	هل تثق بنفسك في مواجهة المواقف الجديدة	4	3	2	1
-56	هـل تشـعر بـأن زمـلاءك أسـعد حظـا منـك في حيـاتهم المنزلية	1	2	3	4
-57	هل تشعر برغبـة في إتـلاف الأثـاث المـدرسي إذا وجـدت نفسك وحيدا في قاعة الدراسة	1	2	3	4
-58	هل تشعر أنك موضع تقدير من زملاءك	4	3	2	1
-59	هل يقرر الآخرون ما يجب أن تفعله غالبا	1	2	3	4
-60	هل تشعر بأنك تعيس	1	2	3	4
-61	هل تحاول الاستزادة من المعلومات من كتب خارجية	1	2	3	4
-62	هل تهتم كثيرا بأمور البيت عندكم	4	3	2	1
-63	إذا عرفت أنك لن تضبط وأنت تغش فهل تفعل ذلك	1	2	3	4
-64	هل تعتبر نفسك شخصا مشاغبا في الفصل	1	2	3	4
-65	هل تشعر بأن معظم أهدافك واقعية ويمكن تحقيقها	4	3	2	1

-66	هل يرفض والدك آراؤك في أغلب الأحيان	1	2	3	4
-67	هل تعتقد أن الكذب هو أفض الطرق التي يجب أن يلجأ إليها الفرد للتخلص من مشكلاته	1	2	3	4
-68	هل تضعف عزيمتك عندما تفشل لأول مرة فيعمل معين	1	2	3	4
-69	هل أنت راض عن نفسك عموما	4	3	2	1
-70	هل تحاول أن تصل إلى أهدافك مهما كلفك ذلك من جهد وتعب	4	3	2	1

التصحيح والتفسير للمقياس:

عدد فقرات المقياس هي (70) فقرة تتوزع على الأبعاد السبعة، وتتراوح العلامة بين (70-280) والمتوسط هو (175) وكلما ارتفعت العلامة دل ذلك على توافق دراسي جيد.

ثلاثة عشر: اختبار رسم الرجل لجودانف

يعتبر اختبار رسم الرجل من الاختبارات غير اللفظية المتحررة من أثر الثقافة التي تمتاز بسهولة التطبيق والتصحيح، وتمتاز أيضاً بقلة التكاليف في الوقت والجهد والمال بالإضافة إلى إمكانية تطبيقه فردياً وجماعياً مما يجعله أداة جيدة في الدراسات المسحية، والتي تهدف إلى تصنيف أطفال الروضة والابتدائي بحسب مستوياتهم العقلية كما أن العمل المطلوب في رسم الرجل بسيط ويجذب انتباه الأطفال إليه دون أن يشعرون بالخوف أو التهديد في مواقف الاختبار، بالإضافة إلى أن التلقائية في رسومات الأطفال تجعل من الرسم لغة غنية بالمعاني النفسية، تتخطى عوائق التعبير اللفظي وتجعل هذا الاختبار أداة جيدة في قياس النمو العقلي عند الأطفال العاديين وذو الاحتياجات الخاصة من صمم ومتخلفين عقلياً، وممن يعانون من صعوبات النطق والكلام. (أبو حطب وآخرون، 1979)

والاختبار غير محدد بزمن، ولكن تطبيقه يستغرق عادة خمسة عشرة دقيقة. حيث يطلب من الفرد رسم صورة رجل كامل، وتقدر الدرجة على أساس تفاصيل الجسم والملابس، وتناسب الملامح، ولا يهتم بالنواحي الجمالية في الرسم وتقدر لكل جزئية من تفاصيل الجسم درجة واحدة، ثم تجمع الدرجات وهناك معايير للأطفال الذين تتراوح أعمارهم ما بين 3 إلى 15 سنة لكل من الذكور والإناث.

أعدته جودانف سنة 1926، ووضعت مفردات تصحيحه من 51 مفردة، وأعطت الطفل درجة عن كل مفردة تظهر في رسمه، وأسمته اختبار رسم الرجل لجودانف Goodenough Draw Man Test، ثم قام هاريس بمراجعة الاختبار وتعديله سنة 1963، فأضاف 22 مفردة من مفردات جودانف، لتصبح 73 مفردة، وطلب من الطفل رسم ثلاثة أشخاص، رجل وامرأة والطفل نفسه، واستخدم طريقة جودانف في التصحيح، فأعطى الطفل درجة عن كل مفردة تظهر في رسمه، وأسمى الاختبار ((اختبار رسم الشخص لجودانف- هاريس Goodinough- Harris Draw A-Person)). (Harris,1963).

ويهدف الاختبار إلى قياس التطور المعرفي والنضج العقلي، ويحتاج الطفل عند التطبيق إلى قلم رصاص، ممحاة، كراس الاختبار، وتبدأ الجلسة مع الأطفال بفترة يقصد منها كسر الحاجز في العلاقة بين الفاحص والطفل، ونشر جو من الطمأنينة والرغبة في التعاون، ومن الممكن للفاحص أن يوحي للطفل بأن المسألة ليست مسألة فحص، وإنما المقصود هو اللعب، برسم أشكال وصور. وإذا شعر الفاحص بضرورة تدريب الطفل أولاً على المهارات الأولية، فلا بأس من تأجيل الاختبار لجلسة أخر ريثما يتم التدريب، ويكون التدريب في مراحل الفرص، منها إعطاء الفرص للطفل لكي يستعمل القلم والورقة في رسم الخطوط والأشكال المتنوعة البسيطة، شرط أن نمتنع كليا عن تدريبه مباشرة على رسم الإنسان، وإن حصل ذلك لسبب ما، فلا يجوز إجراء الاختبار إلا بعد انقضاء فترة من الزمن يرجى أن تزول خلالها أثر التدريب المباشر (عطية، 1982)

من العناصر الأساسية التي يتم الاهتمام بها في رسم الرجل ومقدارها 51 عنصر يعطي لكل منها عند وجودها علامة ومنها: وجود الشعر، وجود الرأس، تناس الرأس مع الجسم، وجود العنينين، إظهار اتجاه العين، وجود الأنف، إظهار فتحتي الأنف، رسم الفم والأنف من بعدين، وجود الأذنين، وجود الرقبة، ظهور الأكتاف بوضوح تام، اتصال الذراعين والساقين، تناسب الذراعين، وجود الأصابع، تفاصيل الأصابع، وجود الجذع، وجود الساقين، تناسب الساقين، وجود ملابس كاملة، إظهار الكعب. (كباتيلو، 1978)

التعريف الإجرائي لاختبار رسم الرجل لقياس ذكاء الأطفال:

هو اختبار لفظي لا يعتمد على الألفاظ والكتابة والقراءة، يقيس ذكاء الأطفال الذين يتراوح أعمارهم ما بين (04 إلى 13 سنة) وذلك بالاعتماد على (51) بندا.

وقد أظهرت البحوث التي قامت بها جودإنف رسوم ضعاف العقول من الأطفال تتشابه إلى حد كبير رسوم الأطفال الذين هم اصغر منهم سنا من حيث العناصر الموجودة في الرسم والتناسب بين هذه العناصر.

1- الرأس: أي محاولة لإظهار الرأس حتى و ل كان خاليا من ملامح الوجه و لا تحسب ملامح الوجه إذا لم تكن هناك خطوط للرأس.

2- الساقين: أي محاولة لإظهار الساقين بعددهما الصحيح، باستثناء الحالة التي يكون فيها الرسم جانبيا حيث تظهر في هذه الحالة رجل واحدة.

3- الذراعين: أي محاولة لإظهار الذراعين بعددهما الصحيح، باستثناء الحالة التي يكون فيها الرسم جانبيا حيث تظهر في هذه الحالة ذراع واحدة و لا يعطى الطفل نقطة على رسمه للأصابع ملتصقة بالجذع مباشرة.

4- الجذع: أي محاولة لإظهار الجذع حتى لو كانت برسم خط وفي حال كان الجذع ملتصق بالرأس لا بعنبر رقبة بل يحسب جذع.

5- طول الجذع أكبر من عرضه: يقاسان بالمليمتر إذا تطلب الأمر في هذه الحالة يجب أن لا يكون الرسم عبارة عن خط.

6- ظهور الأكتاف: تصحح هذه النقطة بدقة وصرامة فيجب أن تكون هناك أكتاف واضحة و لا تحتسب الزوايا القائمة أكنافا.

7- اتصال الذراعين والساقين بالجذع مهما كان نوع السيقان و الأذرع المرسومة وعددها فإن التصاقها بالجذع يمنح الطفل نقطة.

8- اتصال الذراعين و الساقين في الأماكن الصحيحة:في حالة الرسم الجانبي يجب أن يكون الذراع ملتصقا بمنتصف الجذع تحت الرقبة

9- وجود الرقبة: أي شكل مختلف عن الجذع والرأس يتوسطهما يعتبر رقبة.

151

10- خطوط الرقبة يتماشى مع الرأس أو الجذع أو كلاهما: أي أن تكون متدرجة الاتساع.

11- وجود العينين: أغلب أشكال العينين عند الأطفال تكون غريبة و لكن أي محاولة لإظهارهما تعطي نقطة، و ينقط الطفل في حال الرسم الجانبي على العين الواحدة.

12- وجدود الأنف: أي محاولة لإظهار الأنف تحسب

13- وجود الفم: أي محاولة لإظهار وجود الفم

14- رسم الفم والأنف من بعدين أي أن لا يكونا مجرد خط، و لا يقبل الشكل المستدير أو المربع أو المستطيل للأنف

15- و يشترط رسم خط لفصل الشفتين كي يمنح الطفل نقطة.

16- إظهار فتحني الأنف: أي محاولة لإظهارهما تقبل

17- وجود الشعر: إي محاولة لإظهار الشعر تقبل.

18- وجود الشعر في المكان الصحيح: يجب إن يكون في المكان الصحيح من الرأس وان لا يكون شفافا.

19- وجود الملابس: أي محاولة لإظهار الملابس تقبل.

20- وجود قطعتين من الملابس: ويشترط إن لا نكون الملابس شفافة تظهر ما تحتها، و ينقط الطفل في حال رسم الثوب التقليدي.

21- خلو الملابس من القطع الشفافة: تصحح هذه النقطة بدقة فيحب أن تكون الثياب ساترة لما تحتها تماما فالا يجوز أن يبدو الساق تحت البنطلون مثلا أو الجسم تحت الجبة، و يجب وجود الأكمام.

22- وجود 4 قطع من الملابس/ نعطى هذه النقطة مباشرة للطفل الذي يرسم الرجل مرتديا الجبة والغطاء الرأس أما في الحالة العادية فيجب أن تتوفر 4 قطع فعلا مثل البنطلون و القبعة والسترة و الحذاء و ربطة العنق الحزام أو حمالات البنطلون ......

23- تكامل الزي: يجب أن يكون الزي متكاملا وواضحا ومعروفا فلا يعطى الطفل النقطة إذا رسم زيا عاديا مع قبعة شرطي مثلا.

24- و جود الأصابع: أي محاولة لإظهار الأصابع تحسب.

25- صحة عدد الأصابع.

26- صحة تفاصيل الأصابع: الطول أكبر من العرض+ أن تكون من تعدين وليست خطوط+ أن لا تزيد الزاوية التي تحتلها عن 170^0

27- صحة رسم الإبهام: تصحح هذه النقطة بتشدد فلا يعطى الطفل نقطة إلا إذا كان الإبهام أقصر من بقية الأصابع المسافة بين الإيهام والسبابة أكبر من المسافة بين بقية الأصابع.

28- إظهار راحة اليد: يجب أن تكون بادية.

29- لوحظ أن بعض الأطفال يرسمون اليدين داخل الجيب في هذه الحالة يعطى الطفل نقطة على كل العناصر السابقة المتعلقة باليدين.

30- إظهار مفصل الذراع: مفصل الكتف أو الكوع أو كلاهما أو كلاهما.

31- إظهار مفصل الساق: مفصل الركبة أو ثنية الفخذ، يظهر في بعض الرسومات ضمور في مكان الركبة يقبل ذلك و يحسب نقطة.

32- تناسب الرأس: أن لا تكون مساحة الرأس أكبر من نصف مساحة الجذع أو أقل من عشر مساحته.

33- تناسب الذراعين: أن تكون الذراعان في طول الجذع أو أكثر قليلا، و أنا يكون طول الذراعان أكبر من عرضهما.

34- تناسب الساقين: طول الساقين أقل من طول الجذع و عرضهما أقل من عرض الجذع.

35- تناسب القدمان: يجب أن يكون الرسم من بعدين (ليس خط) و يجب أن لا يكون طول القدم اكبر من ارتفاعها، و طول القدم لا يتجاوز ثلث الساق و لا يقل عن عشرها.

36- إظهار الذراعان والساقان من بعدين: (ليسا خطوط)

37- إظهار الكعب: أي محاولة لإظهاره تحسب نقطة

38- التوافق الحركي للرسم بصفة عامة: وضوح خطوط الرسم و تلاقيها بدقة دون كثرة في الفراغات بينها، و تصحح بشيء من التساهل.

39- بعاد تصحيح نفس النقطة السابقة و لكن بدقة أكبر و يراعى تدرج تلاقي خطوط الرسم.

40- توافق خطوط الرأس: تصحح هذه النقطة بدقة يلزم أن تكون كل خطوط الرأس موجهة و أن يشبه شكل الرأس الشكل الطبيعي.

41- التوافق الحركي لخطوط الجذع: مراعاة ما سبق.

42- التوافق الحركي لخطوط الذراعين والساقين: نفس الشروط السابقة

43- التوافق الحركي لخطوط ملامح الوجه: رسم الفم والأنف والعينين من بعدين وأن تكون الأعضاء في أماكنها الصحيحة و التناسق الحجمي للأعضاء مهم أيضا.

44- وجود الأذنين: أي محاولة لإظهار الأذنين تحسب.

45- إظهار الأذنين في مكانهما الصحيح و بطريقة مناسبة أي أن يكون الرسم مشابها للأذن.

46- إظهار تفاصيل العين من رمش وحاجب.

47- إظهار إنسان العين (البؤبؤ)

48- إظهار اتجاه النظر

49- إظهار الذقن والجبهة: أي مساحة فوق العينين تحسب جبهة و أي مساحة تحت الفم تحسب ذقن.

50- إظهار بروز الذقن.

51- الرسم الجانبي الصحيح (الرأس و القدمان و الجذع بشكل صحيح)

52- الرسم الجانبي الخالي من الأخطاء ما عدا أخطاء العين.

نتائج لاختبار:

1- إذا كانت رسوم الطفل مجرد خربطات فعمره العقل يقدر بـ 3 سنوات وثلاث شهور.

2- أجمع الدرجات التي تحصل عليها طفلك و قارن بالنتائج التالية:

درجة واحدة: 39 شهر

درجتان: 42 شهر

3 درجات:45 شهر

واصل بإعطاء ثلاث أشهر لكل نقطة مثل 4 درجات يقابلها 48 و هكذا إلى أن تحصل على العمر العقلي بالشهور لطفلك، من خلال عمر طفلك الحقيقي بالشهور و عمره العقلي بالشهور أيضا يمكننا حساب درجة ذكاء الطفل بدقة.

ينم ذلك بتطبيق معادلة الذكاء المعروفة عند ذوي الاختصاص و هي:

(العمر العقلي بالشهور/ العمر الزمني بالشهور) × 100 = معامل الذكاء.

مثلا حصلنا على 30 درجة لرسم طفل ما و هي تقابل 126 شهرا

إذا العمر العقلي لهذا الطفل هو 126 شهرا، لنفترض أن العمر الحقيقي لهذا الطفل هو 128 شهرا.

إذا العمر العقلي أكبر من العمر الزمني و بالتالي الطفل عادي الذكاء و كلما كبر الفرق زاد مستوى الذكاء، لكن هذا لا يكفي سوف نحدد درجة ذكائه بالضبط و يتم ذلك بتطبيق المعادلة السابقة:

(126 /128) × 100 = 98.43 وهذا يعطي أن ذكاء الطفل متوسط

معامل الذكاء أقل من 80 درجة: ذكاء منخفض

معمل الذكاء من 80 إلى 100: ذكاء اعتيادي (متوسط)

معامل الذكاء من 100إلى 140: ذكاء من مرتفع إلى مرتفع جدا.

معامل الذكاء أكبر من 140: ذكاء عالي (عبقري موهوب)

أربعة عشر: فحص درجة الإبداع

تم قم بجمع الدرجات التي حصلت عليها ومقارنتها بالدرجات المرفقة.

الرقم	الفقرة	أوافق بشدة	أوافق	إلى حد ما	لا أوافق	لا أوافق بشدة
1-	أعمـل دائمـا وأنـا واثـق أننـي أتبـع الإجـراءات الصحيحة لحل المشكلة التي تواجهني.	2-	1-	صفر	1+	2+
2-	من مضيعة الوقت أن أسأل أسـئلة لا أتوقـع لهـا إجابات صريحة أو صحيحة.	2-	1-	صفر	1+	2+
3-	أعتقد بأن المـنهج المنطقـي والمتـدرج هـو أفضـل الوسائل لحل المشكلات.	2-	1-	صفر	1+	2+
4-	أحيانا أعبر عن آراء تزعج بعض الناس.	2+	1+	صفر	1-	2-
5-	أحرص كثيرا على كيفية تقويم الآخرين لي.	2+	1+	صفر	1-	2-
6-	أشعر بأن لي مساهمة خاصة أقدمها للعالم.	2+	1+	صفر	1-	2-
7-	أن أعمل ما أومن به أهم عندي من أن أحاول أن أكسب رضى الآخرين.	2+	1+	صفر	1-	2-
8-	الذين يبدو بأنهم متأكـدين مـن الأمـور يفقـدون احترامي.	2-	1-	صفر	1+	2+
9-	أستطيع التعامل مـع المشـكلات الصـعبة لفـترات طويلة.	2+	1+	صفر	1-	2-

10-	أحيانا أتحمس جدا تجاه بعض الأمور.	2+	1+	صفر	1-	2-
11-	كثيرا ما أحصل على أفضل الأفكار عندما أكون فارغا لا أعمل شيئا.	2+	1+	صفر	1-	2-
12-	أعتمد على إحساسي الداخلي ومشاعري للتميز بين الخطأ والصواب عند المبادرة لحل مشكلة ما.	2+	1+	صفر	1-	2-
13-	عند حل مشكلة ما أعمل بسرعة عند تحليلها لكني أبطأ عند تجميع وتصنيف المعلومات التي حصلت عليها.	2-	1-	صفر	1+	2+
14-	أحب الهوايات التي تتعلق بجمع الأشياء.	2-	1-	صفر	1+	2+
15-	تساعدني أحلام اليقظة كحافز للكثير من أعمالي .	2+	1+	صفر	1-	2-
16-	لو كان الأمر لي أن أختار فإني أفضل أن أكون طبيبا.	2-	1-	صفر	1+	2+
17-	أستطيع التعامل بسهولة مع الناس إذا كانوا من نفس بيئتي الاجتماعية والاقتصادية.	2-	1-	صفر	1+	2+
18-	لدي قدر عال من الإحساس بجمال الأشياء.	2+	1+	صفر	1-	2-
19-	إن الإحساس الداخلي لا يعتمد عليها في حل المشكلات.	2-	1-	صفر	1+	2+

-20	يهمني أن أقدم أفكارا جديدة أكثر من اهتمامي بمحاولة الحصول على موافقة الآخرين.	2+	1+	صفر	1-	2-
-21	أميل إلى تجنب المواقف التي تشعرني بأنني غريب عن الآخرين.	2-	1-	صفر	1+	2+
-22	عند تقويم المعلومات تهمني مصادرها أكثر من مضمونها.	2-	1-	صفر	1+	2+
-23	أحب الذين يتبعون شعار (العمل قبل التسلية)	2-	1-	صفر	1+	2+
-24	احترام الذات أكثر أهمية من احترام الآخرين.	2+	1+	صفر	1-	2-
-25	أشعر بأن الذين يسعون نحو تحقيق الكمال أشخاص غير حكماء.	2-	1-	صفر	1+	2+
-26	أحب العمل الذي أوثر فيه على الآخرين	2-	1-	صفر	1+	2+
-27	من المهم بالنسبة لي أن يكون هناك مكان لكل شيء وأن يكون كل شيء في مكانه الصحيح.	2-	1-	صفر	1+	2+
-28	الذين لديهم الرغبة لتبني الأفكار الغريبة أشخاص غير عمليين.	2-	1-	صفر	1+	2+
-29	أستمتع بتضييع الوقت مع الأفكار الجديدة ولو لم يكن هناك فائدة عملية ترجى.	2+	1+	صفر	1-	2-

-30	عندما لا تثمر طريقة ما في حل مشكلة.. أستطيع أن أغير طريقة تفكيري بسرعة.	2+	1+	صفر	1-	2-
-31	لا أحب طرح أسئلة تظهر جهلي.	2-	1-	صفر	1+	2+
-32	أستطيع تغيير رغباتي لتناسب العمل الذي أقوم به.	2-	1-	صفر	1+	2+
-33	إن عجزي عن حل مشكلة ما بسبب الأسئلة الخاطئة.	2+	1+	صفر	1-	2-
-34	أستطيع في كثير من الأحيان توقع الحل للمشكلات التي تواجهني.	2+	1+	صفر	1-	2-
-35	من مضيعة الوقت تحليل النتائج الفاشلة.	2-	1-	صفر	1+	2+
-36	لا يلجأ إلى التشبيهات والاستعارات إلا المفكرون غير الواضحين.	2-	1-	صفر	1+	2+
-37	أحيانا أستمتع بشاهدة الحيل العبقرية للمجرمين.	2+	1+	صفر	1-	2-
-38	أحيانا كثيرة أبدأ العمل لحل مشكلة ما قبل أن أحددها أو أعبر عنها.	2+	1+	صفر	1-	2-
-39	أحيانا أنسى أسماء الناس والشوارع والمدن والقرى	2+	1+	صفر	1-	2-

-40	أشعر بأن العمل الشاق هو العامل الأساسي للنجاح.	2+	1+	صفر	1-	2-
-41	اعتباري عضوا مقبول في المجتمع أمر مهم لي.	2-	1-	صفر	1+	2+
-42	أعرف كيف أضبط مشاعري الداخلية.	2-	1-	صفر	1+	2+
-43	أعتبر نفسي شخصا مسؤولا ويعتمد عليه.	2-	1-	صفر	1+	2+
-44	أكره الأمور الغامضة وغير المتوقعة.	2-	1-	صفر	1+	2+
-45	أفضل العمل مع الآخرين كجهد جماعي على العمل الفردي.	2-	1-	صفر	1+	2+
-46	تكمن المشكلة مع كثير من الناس في أنهم يأخذون الأمور بجدية أكثر من اللازم.	2+	1+	صفر	1-	2-
-47	أفكر كثير في مشاكلي ولا أستطيع التخلص من التفكير فيها.	2+	1+	صفر	1-	2-
-48	أستطيع التخلي عن التفكير بالمال والراحة من أجل الوصول إلى أهدافي	2+	1+	صفر	1-	2-
-49	لو كنت أستاذا لقمت بتدريس المقررات المبنية على حقائق وليست المبنية على أفكار نظرية.	2-	1-	صفر	1+	2+
-50	إنني أفكر كثيرا في لغز الحياة.	2+	1+	صفر	1-	2-

التفسير لمجموع الدرجات:

1-	شخص متميز في الإبداع	من + 71	إلى	+100
2-	شخص مبدع جدا	من +41	إلى	+70
3-	-شخص مبدع	من + 11	إلى	+40
4-	شخص متوسط الإبداع	من _20	إلى	+10
5-	شخص ضعيف الإبداع	من _50	إلى	-21
6-	شخص غير مبدع	من –20	إلى	_51
7-	شخص يقاوم الإبداع	من _76	إلى	_100

من إصدار مركز التفكير الإبداعي ((سلسلة التفكير الإبداعي)) كتب الدكتور ((علي الحمادي)) في الإبداع.

خمسة عشر: تقيم مستوى الأداء الحالي للمعاقين

((مهارات العناية بالذات))

العناية الذاتية

الرقم	المهارة	نعم	لا
1-	تناول الطعام		
2-	تناول السوائل		
3-	غسل اليدين		
4-	غسل الوجه		
5-	تنظيف الأسنان		
6-	ارتداء الملابس وخلعها		
7-	استعمال الحمام		
8-	ارتداء وخلع الجوارب		
9-	تمشيط الشعر		
10-	انتعال الحذاء		

تناول الطعام

الرقم	المهارة	نعم	لا
1-	يمسك الكأس بتمكن		
2-	يضع الكمية المناسبة من الطعام في الملعقة		
3-	يتحكم بمسك ملعقة بها طعام بطريقة صحيحة ولا يوقعها على المائدة		
4-	يشرب الشوربة بواسطة الملعقة مع أرقة بسيطة		
5-	يقطع الخبز لاستخدامه في تناول الطعام		
6-	يستطيع تقشير البيض		
7-	يمضغ الطعام بشكل جيد		
8-	يدرك أنه وصل لحالة الشبع		
9-	يتحكم باللعاب السائل من فمه		
10-	يغسل يديه قبل وبعد الطعام		
11-	يضع طعامه في صحنه الخاص		
12-	يتحدث وفمه مملوء بالطعام		
13-	يبدأ بالطعام ولا ينتظر الآخرين		
14-	يطعم نفسه باستخدام يده بتحكم		

تناول السوائل

لا	نعم	المهارة	الرقم
		يشرب من كوب بغطاء وله شفاطة (مصاصة) بمساعدة	1-
		يشرب من كوب بغطاء وله شفاطة (مصاصة) لوحده	2-
		يشرب مع الإراقة من كوب له مساكتين بمساعدة	3-
		يشرب من كوب ب له مساكتين لوحده	4-
		يشرب دون إراقة من كوب له مساكتين بمساعدة	5-
		يشرب دون إراقة من كوب له مساكتين لوحده	6-
		يشرب مع الإراقة من كوب له مساكة بمساعدة	7-
		يشرب مع الإراقة من كوب له مساكة لوحده	8-
		يشرب دون إراقة من كوب له مساكه بمساعدة	9-
		يشرب دون إراقة من كوب له مساكه لوحده	10-
		يشرب مع الإراقة من كوب بدون مساكة بمساعدة	11-
		يشرب مع الإراقة من كوب بدون مساكة لوحده	12-
		يشرب دون إراقة وهو يحمل الكوب لوحده	13-

غسل اليدين

لا	نعم	المهارة	الرقم
		يفرك يديه بالصابون أثناء غسلهما	1-
		يمسح يديه بالمنشفة بعد الانتهاء من الغسيل	2-
		يعيد الصابون والمنشفة إلى مكانها بعد الانتهاء	3-
		يستخدم المغسلة دون إحداث فوضى أو إسقاط الماء على الأرض	4-
		يغلق الحنفية بالطريقة الصحيحة بعد الانتهاء من الاغتسال	5-
		لا يكترث إذا كانت يداه متسختين	6-
		يبدي تعاوناً إذا حاول أحد مساعدته	7-
		يهتم بنظافة أظافره بنفسه	8-

غسل الوجه

لا	نعم	المهارة	الرقم
		يفرك وجهه بطريقة سليمة بمساعدة	1-
		يفرك وجهه بطريقة سليمة لوحده	2-
		يستعمل المنشفة بعد الانتهاء من الغسيل	3-
		يستنشق الماء عند تنظيف الأنف	4-
		يزيل القذاء (الغمص) عن عينيه بطريقة آمنة	5-

تنظيف الأسنان

الرقم	المهارة	نعم	لا
1-	يستخدم فرشاة الأسنان بالطريقة الصحيحة بمساعدة		
2-	يستخدم فرشاة الأسنان بالطريقة الصحيحة لوحده		
3-	ينظف أسنانه عندما يستيقظ من النوم		
4-	ينظف أسنانه بأوقات محددة ومنتظمة		

ارتداء الملابس وخلعها

الرقم	المهارة	نعم	لا
1-	يستطيع أن يفك أزرار ملابسه الكبيرة		
2-	يستطيع أن يزرر الأزرار الكبيرة		
3-	يرتدي البنطال وهو جالس على الأرض		
4-	يستطيع أن يخلع ملابسه الداخلية		
5-	يستطيع أن يلبس ملابسه الداخلية		
6-	يتمكن من فك السحاب بطريقة صحيحة		
7-	يتمكن من سحب السحاب بطريقة صحيحة		
8-	يقلب بلوزته إلى الجهة الصحيحة		

9-	يعرف اتجاهات الملابس أثناء ارتدائها (البلوزة للأمام أم الخلف)		
10-	يميز قدم البنطال اليمنى واليسرى عند الارتداء		
11-	يبدي رأيه في اتساع أو ضيق ملابسه		
12-	يرتدي ملابسه بطريقة غير صحيحة إن لم يساعده أحد		
13-	يستطيع أن يلبس الملابس لوحده		
14-	لا يهتم إلى كي ملابسه أو اتساخها عند ارتدائها		
15-	يرتدي ملابس تلائم الأحوال الجوية المختلفة		
16-	يضع ملابسه في المكان المناسب بشكل مرتب		

استعمال الحمام

الرقم	المهارة	نعم	لا
1-	يطلب الحمام عند الحاجة		
2-	يشير إلى أمه إذا بلل نفسه		
3-	منتظم في عملية التبول والبراز في أوقات محددة		
4-	يصب الماء خلفه بعد الانتهاء من استعمال الحمام		
5-	يطلب من أمه تنظيفه بعد الانتهاء من التبول أو البراز		
6-	يخلف ملابسه عندما يذهب إلى الحمام بدون مساعدة		

لا	نعم	المهارة	الرقم
		يضبط مثانته نهاراً	7-
		يضبط مثانته ليلاً	8-
		يلبس ملابسه بعد الانتهاء بدون مساعدة	9-
		يغسل يديه بعد استعمال الحمام	10-
		ينشف نفسه بعد استعماله الحمام	11-
		لا يتعرض لحوادث أثناء ذهابه إلى الحمام (كالسقوط أو التبول اللاإرادي)	12-

تمشيط الشعر

لا	نعم	المهارة	الرقم
		يمشط شعره بمساعدة الآخرين	1-
		يمشط شعره لوحده	2-
		يغسل شعره مع مساعدة الآخرين	3-
		يفرك شعره أثناء الغسيل بتمكن لوحده	4-
		يغسل شعره لوحده	5-
		يزيل الصابون الساقط من رأسه عن عينيه	6-
		يستعمل المنشفة لتنشيف شعره لوحده	7-

ارتداء وخلع الجوارب

الرقم	المهارة	نعم	لا
1-	يخلع الجورب بمساعدة		
2-	يخلع الجورب لوحده		
3-	يميز إذا كان الجورب بالاتجاه الصحيح		
4-	يقلب الجوارب للاتجاه الصحيح		
5-	يلبس الجورب بطريقة صحيحة		

انتعال الحذاء

الرقم	المهارة	نعم	لا
1-	يميز ألفرده اليمنى من اليسرى		
2-	يمسك الحذاء بطريقة متمكنة		
3-	يحدد مقدار فتحة الحذاء لإدخاله قدمه		
4-	يلبس الجورب بطريقة صحيحة		
5-	يدخل قدمه في الحذاء بطريقة مريحة		
6-	يدخل خيطان الحذاء في فتحاته بشكل منتظم		
7-	يربط نهايتي خيط الحذاء وشدهما بطريقة جيدة		
8-	يحدد الفتحة المناسبة في الصندل والبوط الإبزيم بها		

-9	يلمع الحذاء العادي والصندل والبوط الرياضي		
-10	يلمع الحذاء بمساعدة		
-11	يلمع الحذاء لوحده		

((المهارات المعرفية))

معرفته لذاته

الرقم	المهارة	نعم	لا
-1	يستطيع أن يجيب على الهاتف ويخبر الشخص الرسالة الصحيحة		
-2	يستطيع إحضار (الخبز) من الثلاجة لعمل شطيرة		
-3	يستطيع استعمال السكين بالطريقة الصحيحة لقطع الخبز		
-4	يمشط الطفل شعره بعناية كافية ولا يحتاج إلى مساعدة شخص كبير		
-5	يميز ذاته في المرآة		
-6	يستطيب لأسمه عند مناداته		
-7	يعني ذاته باسمه الأول		
-8	يخبر عن جنسه (ذكر، أنثى)		
-9	يذكر أسمه بالكامل		
-10	يخبر عن عمره		

-11	يستطيع معرفة عنوانه (الشارع، المدينة)		
-12	يخبر عن مهنة والده		
-13	يخبر عن مكان عمل والده		
-14	يذكر رقم هاتف بيته		

معرفة لأعضاء الجسم

الرقم	المهارة	نعم	لا
-1	يستطيع معرفة جسمه		
-2	يستطيع معرفة أعضاء جسمه		
-3	يستطيع معرفة وظائف كل جزء من جسمه		
-4	يستطيع معرفة الأشياء الضارة والمؤذية له		
-5	يشير إلى اسم أحد أجزاء الجسم		
-6	يشير إلى الفم، العينين، الأنف، القدم		
-7	يشير إلى أصابع اليدين وأصابع القدمين والبطن والظهر الركبة		
-8	يعرف يده اليمنى ويده اليسرى		
-9	يعرف الجانب الأيمن والأيسر في أجزاء جسمه		
-10	يعرف الجانب الأيمن الأيسر للأشياء		

معرفته بالذات كفرد

الرقم	المهارة	نعم	لا
1-	يمكنه أن يتجول بدون مساعدة		
2-	يمكنه الابتعاد عن البيت أو المدرسة بمسافة قصيرة		
3-	يستطيع الرد على الهاتف		
4-	يمكنه أن يجري مكالمة هاتفية		
5-	يستطيع معرفة نفسه من خلال المرآة		
6-	لديه اهتمام بالغرباء		
7-	يستطيع إدراك الأشخاص المألوفين لديه		
8-	يستطيع أن يفرق بين ذاته والآخرين		

((المـهارات الإدراكية))

المهارات الإدراكية

الرقم	المهارة	نعم	لا
1-	يتعرف على الألوان الأساسية (أحمر، أخضر، أصفر، أزرق)		
2-	يصنف الألوان الأساسية		
3-	يميز العلاقات المكانية ويستجيب لها (داخل، خارج، فوق، تحت)		
4-	يشير إلى أعضاء الجسم المختلفة (الأطراف، الأصابع، الرأس)		

-5	يسمي أعضاء الجسم المختلفة (الأطراف، الأصابع، الرأس)		
-6	يتعرف على الأجسام الخفيفة والثقيلة		
-7	يستطيع أن يتعرف على الأشياء من الملمس		
-8	يمكنه أن يطابق الأجسام مع صورها		
-9	يسمي الصور التي تعرض عليه		
-10	يتعرف على الجزء الناقص من الصورة		
-11	يمكنه أن يصنف الحركة التي تمثلها الصورة		
-12	يستطيع أن يروي القصة من خلال أجزائها		
-13	يعرف مدلول الإشارة في الأماكن العامة، إشارة (✖) ممنوع، الإشارة الدالة عن الامتناع عن التدخين، الإشارة الدالة إلى حمام الرجال - حمام النساء		

معلومات أساسية

الرقم	المهارة	نعم	لا
-1	يميز الاتجاهات (يمين، يسار)		
-2	يتعرف على المتضادات (قصير، طويل،نظيف، متسخ)		
-3	يميز الليل من النهار		

-4	يعرف أيام الأسبوع		
-5	يعرف أشهر السنة		
-6	يعرف الفصول الأربعة		
-7	يستطيع أن يصف أوجه الشبه والاختلاف لوصف خصائص الحجم		
-8	يستطيع أن يصف أوجه الشبه والاختلاف لوصف خصائص الشكل		
-9	يستطيع أن يصف أوجه الشبه والاختلاف لوصف خصائص الوزن		
-10	يستطيع أن يصف أوجه الشبه والاختلاف لوصف خصائص المكان		
-11	يستطيع أن يصف أوجه الشبه والاختلاف لوصف خصائص اللون		

فهم ما يـسمع

الرقم	المهارة	نعم	لا
-1	يستطيع أن يرتب الكلمات بشكل مناسب عند طرحـه أسئلة استفهامية "هل بإمكاني أن أقوم بـ ....؟"		
-2	يفهم التعليمات التي تشير إلى تسلسل الأشياء المراد تنفيذها مثـل (أفعـل كذا أو لا ثم أفعل كذا ثانياً)		
-3	يتبع التعليمات اللفظية عندما يطلب من المجموعة		
-4	يتبع التوجيهات المكتوبة داخل وخارج المدرسة		

لا	نعم	المهارة	الرقم
		يتبع تعليمات الوظائف البيتية	5-
		يتحدث بصوت واضح ومفهوم (جهور)	6-

((الذاكرة))

الذاكرة البصرية الحركية

لا	نعم	المهارة	الرقم
		يسمي 3 أشكال هندسية (المربع،المثلث،الدائرة) من ذاكرته	1-
		ينسخ 3 أشكال هندسية (المربع،المثلث،الدائرة) من ذاكرته	2-
		يتذكر 5 أشكال رآها في صورة	3-
		يرسم 4 ملامح من صورة ولد (الرأس،الأيدي،الأرجل، الجذع) عرضت عليه قبل 5 دقائق	4-
		يبني هرم مكون من 5 مكعبات مقلداً هرماً مبنياً أمامه	5-
		يبني هرم مكون من 9 مكعبات مقلداً هرماً مبنياً أمامه	6-
		يبني هرم مكون من 17 مكعبات مقلداً هرماً مبنياً أمامه	7-
		يبني هرماً مكوناً من 5 مكعبات من ذاكرته	8-
		يبني هرماً مكوناً من 9 مكعبات من ذاكرته	9-
		يبني هرماً مكوناً من17 مكعبات من ذاكرته	10-

الرقم	المهارة	نعم	لا
-11	يطـابق الأشـكال (المضـلع،المعين،المربع،المثلث،الدائرة) مـع موقعهـا في لعبـة التركيب "البازل"		
-12	لا يلتزم بالكتابة على نفس السطر		
-13	إذا عضت عليه كلمة مكونه من (4) أحرف وأخفيت يستطيع كتابتها		
-14	يستطيع أن يتذكر أسم شيء من مجموعة عرضت عليه		
-15	يستطيع أن يتذكر شيئين من مجموعة عرضت عليه		
-16	يشير إلى الجزء الناقص من الصورة		

درجة الـتذكر اللفظـي

الرقم	المهارة	نعم	لا
-1	يستطيع تذكر شيئين موجودين في البقالة مثلاً		
-2	يستطيع تذكر أكثر من شيئين موجودين في البقالة		
-3	يستطيع تذكر المطلوب منه في الواجبات البيتية		
-4	يتذكر قائمة طلبات تحتوي على 5 أشياء لإحضارها		
-5	لديه القدرة على التعبير اللغوي لخبرة (حادثة مر بها)		
-6	عندما يعبر عن وصف موقف معين فأنه يستخدم كلمة "الشيء" أو كلمـة "هذا" بكثرة		

لا	نعم	المهارة	الرقم
		يكثر في حديثه التلعثم عندما تتزامن فكرتان معاً	7-
		يكرر جملاً ذات أطول مختلفة (مبنية على مقاطع)	8-
		يروي نكته بسيطة	9-
		يسمي ثلاثة أشياء موجودة في غرفة الصف	10-
		يسمي أسماء أخواته في البيت	11-
		يعدد ماذا سيفعل عندما يستيقظ في الصباح	12-
		يذكر أسماء الأشياء الموجودة بالصور بعد إخفائها مباشرة	13-
		يتذكر قائمة طلبات تحتوي على 5 أشياء لإحضارها	14-
		يتذكر أسماء عدد من طلابه صفه	15-
		لديه القدرة على التعبير اللغوي لخبرة (حادثة) مر بها	16-
		لا يرتب أفكاره قبل الحديث	17-
		استخدام النعوت المناسبة (ولد كبير)	18-
		تسمية صور موجودة أمامه	19-
		يجد صعوبة في استرجاع الكلمات المألوفة عند الحاجة	20-
		استخدام أسماء الملكية	21-
		لفظ جملة واحدة قصيرة	22-
		يعاني من تنظيم الكلمات للتعبير عن الأفكار	23-

لا	نعم	المهارة	الرقم
		يطرح أسئلة	24-
		يجد صعوبة في التحدث حول الموضوع مباشرة ويدور حول المعنى (إنه هناك بجانب إمكان)	25-
		يغير موضوع الحديث باستمرار	26-
		يكثر في كلامه كلمات ليس لها معنى (آه ، حسناً ، طبعاً)	27-

((المهارات الحسية))

حاسة السمع

لا	نعم	المهارة	الرقم
		يتتبع إشارات لفظية قصيرة	1-
		ينتبه للدرس لمدة من 10 - 20 دقيقة	2-
		يركز على المهمة السمعية حتى بوجود مشتت سمعي	3-
		يدرك معاني الجمل الطويلة	4-
		الاستجابة لصوت الجرس	5-
		يستطيع تحديد الاتجاه الذي يأتي منه الصوت	6-
		يركز ويشعر بوجود أصوات مهما كانت خافته أو مرتفعة	7-

179

-8	يقترب كثير من المتحدث ليستمع إلى ما يقال		
-9	إعادة المقاطع المفردة (با، دا، با)		
-10	يستطيع أن يتذكر ما يسمعه منذ لحظات		
-11	إعادة كلمة قرأت أمامه		
-12	يميز الصوت المطلوب عن الأصوات الأخرى		
-13	إعادة ثلاثة أرقام تحت الرقم 10 بتسلسل		
-14	يستطيع إعادة جملة إذا قرأت أمامه		
-15	يستطيع أن يميز المنحنيين إذا كانا على نفس الوزن والنغمة		

حاسة البصر

الرقم	المهارة	نعم	لا
-1	يتتبع ضوءاً يمر أمامه في غرفة مظلمة		
-2	حركات العينين متناسقة		
-3	يستطيع تتبع حركة شيء على بعد متر		
-4	يحدد اتجاه الكرة قبل قذفها للآخرين		
-5	يصل بين نقطتين مرسومتين بشكل واضح		
-6	يستطيع أن يسير بين نقطتين موضوعتين على الأرض		
-7	يستطيع متابعة ضوء منعكس على الحائط		

لا	نعم	المهارة	الرقم
		يستطيع متابعة ضوء منعكس عال المرآة	8-
		يستطيع أن يسير لمسافة داخل الصف وهو مغمض العينين	9-
		يستطيع رمي الكرة ومتابعتها بالنظر	10-
		يستطيع أن يصعد وينزل من على الدرج	11-
		يترك المسافات مناسبة عند الكتابة	12-
		يستطيع أن يميز اللون الأصفر - الأزرق من بين مجموعة ألوان	13-
		يستطيع أن يميز اللون الأسود - الأبيض	14-
		يقوم بفرك عينيه باستمرار عند القراءة	15-
		يشعر باحمرار وعدم تركيز النظر في يوم مشمس	16-
		عند النظر في اليوم المشمس فإنه يقوم بفتح عـين وإغـلاق الأخـرى أثـناء الرؤية سواء أكان مواجها لأشعة الشمس أو معاكساً لها	17-

حدة الإبصار

لا	نعم	المهارة	الرقم
		يفقد بشكل متكرر الموقع الذي يصله أثناء القراءة	1-
		يقلب بعض الحروف أو الأرقام (" ب " بدلاً من " ن ")	2-
		يعيد قراءات بعض السطور أو يقفز عن بعضها	3-
		يرتكب أخطاء أثناء النسخ	4-

لا	نعم	المهارة	الرقم
		يستطيع وصف شيء يوضع أمامه من حيث لونه وشكله	5-
		يستطيع وصف شيء يوضع أمامه من حيث لونه وشكله	6-
		يستطيع وصف الشيء الذي يوضع أمامه	7-

التميز البصري

لا	نعم	المهارة	الرقم
		يستطيع أن يشير غلى الأخطاء البسيطة في صورة تعرض عليه	1-
		يستطيع التمييز بين أوجه الشبه والاختلاف لصورتين متشابهتين	2-
		يتعرف على الصورة التي لا تنتمي إلى فئة معينة (مثلاً صورة لا تنتمي لفئة الحيوان)	3-
		يميز بين الحروف والكلمات	4-
		يميز بين الحروف المتشابهة في الشكل (ن،ت،ث،ج،ح،ظ،ط)	5-
		يميز بين الكلمات المتشابهة (ناد، عاد، حاد)	6-
		يطابق الأحجام مع بعضها	7-
		يتعرف على الأشكال ويميزها عن بعضها البعض مثلاً (الخط إذا كان أعوج، مستقيم)	8-

حاسة الشم

لا	نعم	المهارة	الرقم
		يجد صعوبة في التنفس في الجو المحمل بذرات التراب	1-
		يحمر أنفه ويعاني من حساسية عندما يشتم رائحة معينة (زهـرة الزيتـون مثلاً)	2-
		يميز تعفن الطعام ولا يستسيغه عندما يقدم له	3-
		يعرف الفرق بين روائح الطعام عندما يكون الفرق كبيراً	4-
		يتعرف على نوع العطر الخاص به ويميزه عن غيره	5-
		يخبر والدته بأن رائحة إبطه أو قدمه مزعجة	6-

حاسة التذوق

لا	نعم	المهارة	الرقم
		يستطيع أن يميز الطعام ساخناً كان أم بارداً	1-
		يستطيع أن يميز الطعام حلواً كان أممراً	2-
		يستطيع أن يميز الطعام المالح عن الحلو	3-
		يستطيع أن يتعرف على الطعام إذا كان حامضاً	4-
		يفرق بين الطعام الخشن والناعم	5-

حاسـة اللمس

لا	نعم	المهارة	الرقم
		يتذكر الكلمات حينما تكتب حروف بواسطة المعجون	1-
		يتذكر أسماء الأشياء بعد لمسها مرات قليلة	2-
		يتعرف على الأشياء الموجودة أمامه وهو مغمض عينيه عن طريق اللمس	3-
		يستطيع أن يدرك الفرق بين الساخن والبارد	4-
		يستطيع أن يدرك الفرق بين الخشن والناعم	5-
		يستطيع أن يدرك الفرق بين القاسي واللين	6-
		يتعرف على موقع الضغط على جسمه وهو مغمض عينيه	7-
		يتعرف على موقع الإحساس بالألم إذا تعرض لإصابة معينة	8-

ستة عشر: مقياس الدافعية للتعلم

أجب بإشارة (✓) على الإجابة التي تراها مناسبة والأقرب إلى رأيك ....

الرقم	المهارة	نعم	لا
1-	أقبل على الدراسة بشغف و ارتياح.	0	1
2-	أرفض أي نصيحة يقدمها المعلم لي.	1	0
3-	أؤدي واجباتي المدرسية لإرضاء معلمي فقط.	1	0
4-	معلمي من النوع الذي يجذبني للدرس.	0	1
5-	مدرستي تعتني بميولي وتسعى إلى تنميتها.	0	1
6-	أنا ذو هدف محدد أسعى إلى تحقيقه.	0	1
7-	عندما أشعر بالتعب قليلاً أتوقف عن الدراسة ليوم أخر.	1	0
8-	أشعر بالتوتر عندما لا استطيع حفظ الدروس.	0	1
9-	أشعر بالارتياح عندما أكمل واجباتي المدرسية.	0	1
10-	أدرس من تلقاء نفسي بدون ضغط والدي.	0	1
11-	أحب المادة لأنني أحب أستاذها.	0	1
12-	أستطيع تحدي جميع العوائق التي تقف في تحقيق هدفي.	0	1
13-	أدرس خوفاً من الفشل وليس لتحقيق النجاح.	1	0
14-	وجود العوائق تزيد من رغبتي لتحقيق هدفي.	0	1

طريقة التصحيح والتفسير:

عدد فقرات المقياس هي (14) فقرة وتتراوح العلامة بين (0-14) وكلما حقق الفرد علامة فوق (7) كان لديه دافعية أفضل للتعلم.

المقاييس الأسرية

أولاً: اختبار أمبو لأساليب المعاملة الوالدية من وجهة نظر الأبناء

ترجمة وتعريب: د محمد السيد عبد الرحمن، ود. ماهر مصطفى المغربي.

وضع هذا الاختبار من أجل التعرف على الأساليب التي يتبعها الوالدين في تربية أبنائهم ومدى رضا الأبناء عن هذه الأساليب، مما يساعد في تغييرها فيما بعد، لأساليب أكثر مناسبة، وقد صيغت بلغة عامية تناسب الطلبة وبجميع المستويات، ومن خلالها يمكن التعرف على أربعة عشر بعدا لهذه الأساليب.

اختبار امبو لأساليب المعاملة الوالدية من وجهة نظر الأبناء من ترجمة وتعريف محمد السيد عبد الرحمن وماهر مصطفى المغربي، وقد وضع هذا الاختبار بيرس وزملاؤه Perris et al.1980 وأسموه الأمبو EMBU وهي الحروف الأولى من اسم الاختبار باللغة السويدية Egna Minnen Av Barndoms Uppfostram حيث صدر لأول مرة باللغة السويدية متضمنا 81 عبارة يجاب عليها بطريقة التقرير الذاتي Self-report حيث يقرر المفحوص ما إذا كانت العبارة تنطبق عليه أم لا من خلال أربع اختيارات إجبارية (تبدأ بهذه العبارة، تنطبق عليه دائماً، وتنتهي بهذه العبارة لا تنطبق علي أبدا) ويصحح الاختبار كما يلي: 3 دائماً، 2 ساعات، درجة واحدة: قليل جدا، صفر: لا أبدا، ويقيس هذه الاختبار أربعة عشر بعدا مميزة لأساليب التربية عند الوالدين وذلك لكل من الأب والأم على حدة. (عبد الرحمن والمغربي، 1990)

تعليمات الاختبار:

فيما يلي مجموعة من العبارات التي تدل على الأساليب المختلفة التي يتبعها الآهل

دائماً لتهم لأبنائهم والمطلوب منك أن تقرأ كل عبارة وأن توضح مدى تكرار حدوثها من كل من الأب والأم أو من يحل محلهما وكنت تعيش معه منذ طفولتك.

حدد رأيك في أسلوب الأب في الجزء الخاص به، وفي أسلوب الأم في الجزء الخاص بها في ورقة الإجابة. لا تترك سؤال دون إجابة ولا تضع أكثر من علامتين أمام رقم السؤال، واحدة للرأي في أسلوب الأب، والأخرى للرأي في أسلوب الأم، اكتب في ورقة الإجابة وتأكد أن هذه البيانات سرية ولغرض البحث العلمي فقط.

لا أبدا	قليل جدا	أحيانا	دائما	الفقرة	الرقم
0	1	2	3	هل كنت تشعر أن خوف أبوك وأمك عليك كان يجعلهم يتدخلوا في كل شيء تعمله	1-
0	1	2	3	هل أبوك وأمك متعودين على إظهار حبهم لك بالكلام أو بالفعل	2-
0	1	2	3	هل أبوك وأمك كانوا يدلعوك أحسن من إخوتك	3-
0	1	2	3	هل شعرت بأن أبوك وأمك ماكانوش يحبوك	4-
0	1	2	3	هل كان أبوك وأمك بيرفضوا يتكلموا معاك لمدة أطول إذا عملت حاجة سخيفة	5-
0	1	2	3	هل كان أبوك وأمك يعاقبوك حتى على الأخطاء البسيطة	6-
0	1	2	3	هل كان أبوك وأمك بيحاولوا يخلو منك إنسان له شان وقيمة	7-
0	1	2	3	هل حصل أنك زعلت من أبوك وأمك لأنهم منعوا حاجة عنك كنت بتحبها	8-

الرقم	الفقرة	دائما	أحيانا	قليل جدا	لا أبدا
9-	هل تفتكر أن كل من أبوك وأمك كانوا يتمنوا أنك تكون أحسن من اللي أنت فيه حاليا	3	2	1	0
10-	هل أبوك وأمك كانوا بيسمحوا لك تعمل أو تأخذ حاجات ماكانوش بيسمحوا فيها لأخواتك	3	2	1	0
11-	هل تفتكر أن عقاب أبوك وأمك لك كان عادل لم يظلموك	3	2	1	0
12-	هل تظن أن فيه واحد من أبويك كان شديد عليك أو قاسي معك	3	2	1	0
13-	لما كنت بتعمل حاجة غلط هل كنت تقدر تروح لأبوك وانك وتصلح غلطتك وتطلب منهم أن يسامحوك	3	2	1	0
14-	هل كنت بتحس أن أبوك وأمك بيحبوا حد من إخوتك أكثر منك	3	2	1	0
15-	هل أبوك وأمك كانوا دائماً يعاملوك أسوء من معاملتهم لإخوتك	3	2	1	0
16-	هل حصل أن حدة من أبويك منعوك تعمل حاجة كان بيعملها الأطفال الآخرين علشان خايفين عليك من الضرر	3	2	1	0
17-	لما كنت طفل هل حصل انضربت أو اتهنت في وجود ناس أغراب	3	2	1	0

-18	هل كان أبوك وأمك دائماً بيتدخلوا في اللي بتعمله بعد ما ترجع من المدرسة أو العمل	3	2	1	0
-19	لما كانت ظروفك تبقى سيئة هل كنت بتحس أن أبوك وأمك كانوا يحاولوا يريحوك ويشجعوك	3	2	1	0
-20	هل أبوك وأمك كانوا دائماً خايفين على صحتك بدون داعي	3	2	1	0
-21	هل أبوك وأمك كانوا بيضروبوك بقسوة على أخطاء بسيطة لا تستحق الضرب عليها	3	2	1	0
-22	هل أبوك وأمك كانوا يغضبوا منك إذا لم تساعد في أعمال البيت اللي كانوا يطلبوها منك	3	2	1	0
-23	هل أبوك وأمك كانوا بيزعلوا جدا منك لما تغلط لدرجة انك كنت بتحس فعلا بالذنب أو عذاب الضمير	3	2	1	0
-24	هل أبوك وأمك كانوا يحاولوا يوفروا لك حاجات زي أصحابك وكانوا يبذلوا أقصى جهدهم علشان هيك	3	2	1	0
-25	هل كنت بتحس بأن من الصعب عليك أن ترضي أبوك وأمك	3	2	1	0
-26	هل كان أبوك وأمك يحكوا عن كلامك وأفعالك أمام الناس الأغراب بشكل يحسسك بالخجل	3	2	1	0

-27	هل بتحس أنه أبوك وأمك كانوا بحبوك أكثر من أخواتك	3	2	1	0
-28	هل أبوك وأمك كانوا يبخلوا عليك بالحاجات اللي بتعوزها	3	2	1	0
-29	هل أبوك وأمك كانوا دائماً مهتمين بأنك تأخذ درجات عاليـة في الامتحانات	3	2	1	0
-30	لما كنت تتعرض لظروف أو مواقف صعبة هل كنت بـتحس أنه أبوك وأمك ممكن يساعدوك	3	2	1	0
-31	هل كان أبوك وأمك دائماً يعملوك كبش فداء أو دائماً يجيبوا كل حاجة سيئة فوق رأسك	3	2	1	0
-32	هل أبوك وأمك كانوا دائماً بقولولك أنت صرت كبير، أو بقولـوا لك أنت صرت رجل أو بنت وتقدر تعمل اللي عايزه	3	2	1	0
-33	هل أبوك وأمك كـانوا دائمـاً ينقـدوا أصحابك الـلي بتحـبهم يزوروك	3	2	1	0
-34	هل كنـت بـتحس أن أبـوك وأمـك بيفكـروا أن أخطائـك هـي السبب في عدم سعادتهم	3	2	1	0
-35	هل أبوك وأمك كانوا يحاولوا يضـغطوا عليـك علشـان يخلـوك أحسن واحد	3	2	1	0

-36	هل كان أبوك وأمك يظهروا شعورهم بأنهم يحبوك وحنينين عليك جدا	3	2	1	0
-37	هل تعتقد أن أبوك وأمك كانوا يحترموا رأيك	3	2	1	0
-38	هل حسين أنه أبوك وأمك كانوا يحبوا يكونوا معاك بقدر الإمكان	3	2	1	0
-39	هل كنت بتحس أن أبوك وأمك بخلاء وأنانيين معاك	3	2	1	0
-40	هل أبوك وأمك كانوا يقولولك دائماً: إذا عملك كذا سنزعل منك	3	2	1	0
-41	هل دائماً لما ترجع البيت لازم تحكي لأبوك وأمك عن كل اللي أنت عملته بره البيت	3	2	1	0
-42	هل تعتقد أن أبوك وأمك حاولوا يجعلوا مرحلة المراهقة بالنسبة إلك مرحلة جميلة ومفيدة	3	2	1	0
-43	هل أبوك وأمك كانوا دائماً يشجعوك	3	2	1	0
-44	هل أبوك وأمك كانوا دائماً يقولولك كلام مثل: هاذا جزاتنا اللي بنعمله علشانك	3	2	1	0
-45	هل أبوك وأمك ما كانوش بيسمحوا لك تعمل اللي أنت بدك إياه بحجة أنهم مش عازينك تكون دلوعة	3	2	1	0
-46	هل حدث انك حسيت بعذاب الضمير نحو أبوك وأمك علشان أتصرفت بطريقة لا يحبونها	3	2	1	0

-47	هـل تعتقـد أن أبـوك وأمـك كـانوا بيطـالبوك انـك تتفـوق خصوصا في المدرسة أو في الرياضة أو أشياء مثل هيك	3	2	1	0
-48	هل كنت بتلاقي الراحة عند والديك لما كنـت تشـتكي لهـم أحزانك	3	2	1	0
-49	هل حصل انك اتعاقبت من أبوك أو أمـك بـدون مـا تكـون عملت أي شيء	3	2	1	0
-50	هل أبوك وأمك عادة كانوا يقولوا لك إحنا مش موافقين على اللي بتعملوا في البيت	3	2	1	0
-51	هل حدث أن أبوك وأمك كانوا يحاولوا يضغطوا عليـك انـك تأكل أكثر من طاقتك	3	2	1	0
-52	هل كان أبوك وأمـك عـادة ينقـدوك ويصـفوك بأنـك كسـوا وقليل الفايدة أمام الناس الآخرين	3	2	1	0
-53	هل كـان أبـوك وأمـك بيهتمـوا بنـوع الأصدقاء الـلي كنـت بتمشي معاهم	3	2	1	0
-54	هل كنت دائماً الشخص الوحيد في أخواتك اللي أبـوك وأمـك يلوموه لو حاجة حصلت	3	2	1	0
-55	هل كان أبوك وأمك بيقبلوك على أي صورة	3	2	1	0
-56	هل كان أبوك وأمك بيعاملوك بطريقة جافة أو فظة	3	2	1	0

-57	هـل كـان أبـوك وأمـك بيعـاقبوك بشـدة عـادة حتـى عـلى الأخطاء التافهة	3	2	1	0
-58	هل حدث أن أبوك وأمك ضربوك بدون سبب	3	2	1	0
-59	هل حدث انك تمنيت أن قلق أو خـوف أبـوك وأمـك عليـك مايكونش بهذا الشكل	3	2	1	0
-60	هل كان أبوك وأمك يشجعوك في إشباع هوايتـك والحاجـات اللي بتحبها	3	2	1	0
-61	هل كنت في العادة بتنضرب بقسوة من أبوك وأمك	3	2	1	0
-62	هل كنت في العادة بتروح المكان الـلي تحبـه مـن غـير أبـوك وأمك ما يكونوا قلقانين عليك بشدة	3	2	1	0
-63	هل أبوك وأمك كانوا بيضعوا حـدود للمسـموح بـه والممنـوع تعمله وبتمسكوا بالحدود هاي بشكل قاسي جدا	3	2	1	0
-64	هل أبوك وأمك كانوا بيعـاملوك بطريقـة تحسسـك بـالخزي والخجل	3	2	1	0
-65	هـل أبـوك وأمـك كـانوا بيسـمحوا لأخواتـك إنهـم يعملـوا حاجات من اللي كانوا بيمنعوها عنك	3	2	1	0
-66	هل تعتقد أن شعور أبوك وأمك بالخوف عليك من أن يحصـل لك حاجة كان شعور مبالغ فيه أكثر من اللازم	3	2	1	0

-67	هل كنت بتحس أن العلاقة بينك وبين والديك حب وعطف	3	2	1	0
-68	هل كان الاختلاف في الرأي بينـك وبـين أبويـك في بعـض الأمـور يقابل الاحترام منهم (لا يفسد الأمر بينكم)	3	2	1	0
-69	هل حدث أن أبوك وأمـك كـانوا بيزعلـوا منـك مـن غـير مـا يعرفوك هما زعلانين ليش	3	2	1	0
-70	هل حدث أنه أبوك وأمك كانوا يخلوك تنام من غير عشاء	3	2	1	0
-71	هل كنت تحس أن أبوك وأمك بيكونوا فخورين لما تـنجح في أي مهنة	3	2	1	0
-72	هل كان دائماً أبوك وأمك يفضلوك عن إخوتك	3	2	1	0
-73	هل كان أبوك وأمك بيقفوا في صفك ضد أخواتك حتـى ولـو كنت أنت الغلطان	3	2	1	0
-74	هل أبوك وأمك كانوا عادة يعانقونك	3	2	1	0
-75	هل كنت بتحس أن أبوك وأمك نفسـهم تكـون أحسـن مـن هيك أو زي حدة معين	3	2	1	0

البعد	المجال	الفقرات	تعريفه
1	الإيذاء الجسدي	61-58-49-21-11	تعرض الطفل للضرب أو أية صورة أخرى من صور العقاب البدني بطريقة قاسية ومستمرة على أخطاء بسيطة تجعل الطفل يشعر بظلم الوالدين
2	الحرمان	-45-39-28-24-8 70	حرمان الطفل من الحصول على الأشياء التي يحتاجها أو عمل أشياء يحبها بصورة تجعلها يشعر ببخل الوالدين عليه
3	القسوة	-56-50-22-12-6 57	إحساس الطفل بأن احد الوالدين أو كلاهما قاس في تعامله كأن يستخدم معه التهديد بالعقاب البدني والتهديد بالحرمان لأبسط الأسباب
4	الإذلال	64-52-32-26-17	تعمد توبيخ الطفل ووصفه بصفات سيئة في وجود أشخاص آخرين أو معاملته بطريقة تشعره بالنقص والدونية مع عدم تقدير إمكانياته
5	الرفض	69-25-13-5-4	تجنب معاملة الطفل أو الحديث معه لفترة طويلة على أخطاء بسيطة بطريقة تشعر بأنه غير محبوب من أحد الوالدين أو كلاهما
6	الحماية الزائدة	-59-51-20-18-16 66	الخوف على الطفل بصورة مفرطة من أي خطر قد يهدده مع إظهار هذا الخوف بطريقة تؤجل اعتماد الطفل على ذاته

7	التدخل الزائد	63-53-41-33-1	وضع حدود معينة للمسموح به والمرفوض من وجهة نظر الآباء مع التمسك بهذه الحدود بشكل قاس مع التدخل في كل صغيرة وكبيرة في حياة الطفل
8	التسامح	75-68-55-37-9	احترام رأي الطفل وتقبله على عيوبه وتصحيح أخطائه دون قسوة مع بث الثقة في نفسه
9	التعاطف الوالدي	74-67-38-36-2	تعود الوالدين إظهار الحب للطفل سواء باللفظ أو الفعل
10	التوجيه للأفضل	71-47-35-29-7	توجيه الطفل نحو النجاح في العمل والدراسة حتى يكون عضوا نافعا في المجتمع له قيمته وكيانه
11	الإشعار بالذنب	-46-44-40-34-23 48	تحقير الطفل والتقليل من شأنه ومعاملته بطريقة تشعره بعذاب الضمير أو الإحساس بالذنب حتى على الأخطاء التي ليس له يد فيها
12	التشجيع	60-43-42-30-19	ميل الوالدين لمساعدة الطفل وتشجيعه والوقوف بجانبه في المواقف الصعبة بطريقة تدفعه قدما إلى الأمام
13	تفضيل الأخوة	65-54-141531	نبذ الطفل وتفضيل إخوته عليه لأي سبب من الأسباب لجنسه أو ترتيبه الميلادي أو لأسباب أسرية
14	التدليل	-72-62-27-10-3 73	تحقيق رغبات الطفل بطريقة مفرطة مع إضفاء مزيد من الرعاية والاهتمام عليه أكثر من إخوته بصورة تعوقه عن تحمل المسؤولية بمفرده

ملاحظة: لاحظ عزيزي القارئ أن العلامة المرتفعة في البعد تدل على امتلاك الفرد للمجال في التربية، مع العلم أن معظم المجالات سلبية، ولكن هناك بعض المجالات إيجابية وهي: التسامح، التعاطف الوالدي، التوجيه للأفضل، التشجيع.

ثانياً: مقياس اتجاهات التنشئة الأسرية

هذا المقياس صمم من أجل التعرف على اتجاهات التنشئة الأسرية كالديمقراطية - التسلط، الحماية الزائدة - الإهمال التي يمارسها الآباء.

مفهوم التنشئة الأسرية: تزخر الأدبيات والبحوث النفسية بكثير من التعريفات لمفهوم التنشئة الأسرية فقد عرف الطواب (1995) التنشئة الأسرية بأنها العملية التي يتم فيها تشكيل معايير الفرد، وقيمه، ودوافعه، واتجاهاته، وسلوكه، لتتمشى مع ما هو مرغوب ومتفق عليه ومناسب لدوره الحالي والمستقبلي في المجتمع، وهي تبدأ منذ اللحظات الأولى لميلاد الطفل.

ويعرفها (حمزة،1996) بأنها كل سلوك يصدر عن الأب أو الأم أو كليهما ويؤثر في نمو شخصية الطفل سواء قصد بهذا السلوك التوجيه أم التربية أو لم يقصد. ويعرفها هذرينجتون وبارك (Hetherington and Barke, 1993) بأنها العملية التي يتم فيها تعليم أفراد جدد في المجتمع قواعد وقوانين اللعب الاجتماعي، حيث تحاول مؤسسات التطبيع الاجتماعي المختلفة مساعدة الأفراد الجدد، وتبني القوانين والقواعد التي تساعدهم على اللعب بالطريقة نفسها التي يلعبون بها.

أما المقياس فقد تكون من صورتين الصورة (أ) وتخص نمط تنشئه الأب، والصورة (ب) تخص نمط تنشئة الأم، وتتألف كل صورة من (40) فقرة تقيس بعدين هما: الاتجاه الديمقراطي - التسلطي ويتألف من (20) فقرة تبدأ من (1- 20)، واتجاه الحماية الزائدة - الإهمال ويتألف من (20) فقرة تبدأ من (21-40)، وقد أشتمل المقياس على فقرات موجبة وأخرى سالبة سيتم تحديدها عند الحديث عن كل اتجاه وتقيس هذه الفقرات الاستجابات الأكثر تكراراً لدى والدي المفحوص كما يدرجها ويصنفها المفحوص ذاته.

ويقيس هذا المقياس البعدين التاليين:

1- اتجاه الديمقراطية - التسلط:

تكون من صورتين الصورة (أ) للأب والصورة الثانية (ب) للأم، ويتألف من (20) فقرة لكل صورة تقيس الاستجابات الوالدية كما يدركها الأبناء في عدد من المواقف يحدد قربها من أحد القطبين (الديمقراطي - التسلطي) غلبة الاتجاه الديمقراطي أو التسلطي.

- وبناءاً على فقرات هذا المقياس فإن أدنى علامة يحصل عليها المفحوص هي (20) وأعلى علامة هي (80) وهكذا فإن زيادة درجة المفحوص عن (50) درجة تشير إلى غلبة الاتجاه الديمقراطي عند والديه، بينما الدرجة أقل من (50) تشير إلى غلبة الاتجاه التسلطي، أما الدرجة (50) فتعتبر حيادية.

2- اتجاه الحماية الزائدة - الإهمال:

يتكون من صورتين: الصورة (أ) للأب والصورة (ب) للأم، وتتكون كل صورة من (20) فقرة تقيس الاستجابات الوالدية كما يدركها الأبناء في عدد من المواقف تحدد قربها من أحد القطبين (الحماية الزائدة - الإهمال) غلبة اتجاه الحماية الزائدة أو الإهمال، وبناءً على فقرات هذا المقياس فإن أدنى علامة يحصل عليها المفحوص هي (20) وأعلى علامة هي (80)، وهكذا فإن الدرجة فوق (50) من المقياس تشير إلى اتجاه الحماية الزائدة، بينما الدرجة أقل من (50) فتشير اتجاه الإهمال، أما الدرجة (50) فتعتبر حيادية.

يهدف هذا المقياس إلى قياس اتجاهات الوالدين في التنشئة نحو(الديمقراطية -التسلط)، (الحماية الزائدة - الإهمال). حيث يتكون المقياس من صورتين: الصورة (أ) الخاصة بالأب، والصورة (ب) الخاصة بالأم.

تكتب الإجابات على ورقة الإجابة وهي متدرجة وفي أربع درجات هي:

- يحدث دائماً: إذا كانت الاستجابة تحدث في كل موقف يستدعي حدوثها.

- يحدث غالباً: إذا كانت الاستجابة تحدث في أكثر من نصف المواقف التي تستدعي حدوثها.

- يحدثا أحياناً: إذا كانت الاستجابة تحدث في أقل من نصف المواقف التي تستدعي حدوثها.

- لا يحدث إطلاقا: إذا كانت الاستجابة لا تحدث أبداً في أي موقف يستدعي حدوثها.

يرجى وضع إشارة (✘) في داخل المربع الذي يقع تحت الإجابة التي تراها مناسبة لوصف سلوك والديك.

يرجى التكرم بتعبئة البيانات التالية:

الاسم: .... الجنس: ذكر / أنثى: ....

مهنة الأب: ☐ موظف ☐ حرة الفرع: ☐ علمي ☐ أدبي ☐ معلوماتية

الرقم	الفقرة	والدي								والدتي			
		دائماً	غالباً	أحياناً	إطلاقا					دائماً	غالباً	أحياناً	إطلاقا
1-	يستشـيرني في الأمـور التـي تخصـني قبل أن يتخذ قرارا بشأنها.	4	3	2	1					4	3	2	1
2-	يمنعنـي مـن ممارسـة الهوايـات والنشاطات التي ارغب فيها داخل المنزل.	1	2	3	4					1	2	3	4

3-	يشجعني على تكوين آراء خاصة بي.	1	2	3	4	1	2	3	4
4-	يجبرني أن أتخلى عن بعض ممتلكاتي لإخوتي.	1	2	3	4	1	2	3	4
5-	لا يعترض على الأصدقاء الذين أختارهم.	1	2	3	4	1	2	3	4
6-	يمنعني من المشاركة في الحديث عند وجود زائرين في البيت.	1	2	3	4	1	2	3	4
7-	يحترم اختياري للملابس قبل أن يشتريها.	1	2	3	4	1	2	3	4
8-	يرفض أن أشارك في مناقشة الأمور التي تخص الأسرة.	1	2	3	4	1	2	3	4
9-	يترك لي حرية اختيار نوع المسلسل الذي أشاهده.	4	3	2	1	4	3	2	1
10-	يحرص على أن يختار الأماكن التي اقضي فيها وقت فراغي.	1	2	3	4	1	2	3	4
11-	يمتنع عن الاستماع لمشكلاتي ويعتبرها تافهة	1	2	3	4	1	2	3	4
12-	يتدخل في طريقة دراستي وتحديد أوقاتها.	1	2	3	4	1	2	3	4

-13	يصغي لي بـاهتمام عنـدما أحدثـه عن طموحاتي.	4	3	2	1	4	3	2	1
-14	يرفض آرائي ولو كانت صائبة.	1	2	3	4	1	2	3	4
-15	يتعامل معي كصديق.	4	3	2	1	4	3	2	1
-16	لا يعرف سوى الضرب والإهانـة في معاملتي.	1	2	3	4	1	2	3	4
-17	يختـار لي المجـلات والكتـب التـي اقرأها.	1	2	3	4	1	2	3	4
-18	يطالبني بطاعة إخوتي الأكـبر منـي مهما كانت الظروف.	1	2	3	4	1	2	3	4
-19	يناقش معي أخطـائي قبـل توجيـه اللوم والعقوبة لي.	4	3	2	1	4	3	2	1
-20	يؤكد على التعـاون والتضـامن بـين الإخوة والأخوات.	4	3	2	1	4	3	2	1
-21	يشعرني بأني ما زلت صغيراً.	4	3	2	1	4	3	2	1
-22	يقوم بمعظم واجبـاتي التـي أتمكـن من القيام بها بنفسي.	4	3	2	1	4	3	2	1
-23	عـودني أن اسـتعين بـه عنـدما أتشاجر مع الآخرين	4	3	2	1	4	3	2	1

-24	اشعر إنني بحاجة إلى استشارته في كل أمر تصرفاته عله.	4	3	2	1	4	3	2	1
-25	اشعر بلهفة زائدة منه نحوي في كثير من تصرفاته.	4	3	2	1	4	3	2	1
-26	يعاقب أبناء الجيران إذا تسببوا في إيذائي.	4	3	2	1	4	3	2	1
-27	عودني أن احل المشكلات التي تعترضني بنفسي.	1	2	3	4	1	2	3	4
-28	يستجيب لكافة طلباتي.	4	3	2	1	4	3	2	1
-29	يشعرني أنه قلق على صحتي بدون مبرر.	4	3	2	1	4	3	2	1
-30	يقلق كثيرا عندما أتأخر في العودة إلى المنزل.	4	3	2	1	4	3	2	1
-31	ينزعج كثيرا إذا لم أتناول طعامي في الصباح.	4	3	2	1	4	3	2	1
-32	يتدخل فيمن إيذاء احد إخوتي فإنه يعاقبه هو.	4	3	2	1	4	3	2	1
-33	يتولى بنفسه حل مشكلاتي أول بأول.	4	3	2	1	4	3	2	1

-34	يشعرني بعدم اهتمامه بمتابعة سلوكي.	1	2	3	4	1	2	3	4
-35	يتركني في المنزل وحيدا.	1	2	3	4	1	2	3	4
-36	يتغاضى عندما أتفوه ببعض الكلمات غير اللائقة.	1	2	3	4	1	2	3	4
-37	يتركني دون توجيه عندما أخطئ.	1	2	3	4	1	2	3	4
-38	يسمح لي بالاشتراك في معسكرات أو مخيمات.	1	2	3	4	1	2	3	4
-39	يتدخل في تحديد وقت نومي.	4	3	2	1	4	3	2	1
-40	لا يكترث عندما أتضايق أو أكون مهموما.	1	2	3	4	1	2	3	4

(الحوارنة، 2005)

لاحظ عزيزي القارئ أن زيادة الدرجات في الفقرات العشرين الأولى يدل على مستوى من الديمقراطية سواء لدى الأب أو الأم، ونقصان الدرجات يدل على مستوى من التسلط، بينما في الفقرات العشرين التالية فإن زيادة الدرجات يدل على مستوى من الحماية الزائدة، بينما يدل نقصان الدرجات على مستوى من الإهمال الوالدي.

ثالثاً: اتجاهات الطفل نحو الأم

هذه الاستبانة صممت لقياس الطريقة التي تشعر بها حول عائلتك ككل وهي ليست اختبارا ولذلك لا يوجد إجابات صح أو خطأ، اجب عن كل الفقرات بحرص ودقة بالفراغ:

الرقم	الفقرة	كل الوقت	جزء جيد من الوقت	بعض الوقت	أحيانا	ولا مرة من الأوقات
-1	والدتي تثير عصبيتي	1	2	3	4	5
-2	أقضي وقتا جيدا مع والدتي	5	4	3	2	1
-3	اشعر بأنني يمكن حقيقة أن أثق بوالدتي	5	4	3	2	1
-4	أنا لا أحب والدتي	1	2	3	4	5
-5	سلوك والدتي يربكني	1	2	3	4	5
-6	والدتي كثيرة الطلبات	1	2	3	4	5
-7	أرغب لو كانت والدتي مختلفة	1	2	3	4	5
-8	حقا استمتع مع والدتي	5	4	3	2	1
-9	تضع والدتي قيود كثيرة علي	1	2	3	4	5
-10	والدتي تتداخل في نشاطاتي	1	2	3	4	5
-11	أنا مستاء من والدتي	1	2	3	4	5
-12	أعتقد أن والدتي رائعة	5	4	3	2	1
-13	أكره والدتي	1	2	3	4	5

الرقم	الفقرة	كل الوقت	جزء جيد من الوقت	بعض الوقت	أحيانا	ولا مرة من الأوقات
14-	والدتي صبورة جدا معي	5	4	3	2	1
15-	حقا أحب والدتي	5	4	3	2	1
16-	أحب أن أكون مع والدتي	5	4	3	2	1
17-	أشعر كما لو أنني لا أحب والدتي	1	2	3	4	5
18-	والدتي تغضبني كثيرا	1	2	3	4	5
19-	أشعر بالغضب الشديد تجاه والدتي	1	2	3	4	5
20-	أشعر بالعنف تجاه والدتي	1	2	3	4	5
21-	أشعر بالفخر تجاه والدتي	5	4	3	2	1
22-	أرغب لو كانت والدتي مثل أمهات الآخرين الذين أعرفهم	1	2	3	4	5
23-	والدتي لا تفهمني	1	2	3	4	5
24-	يمكن حقيقة أن اعتمد على والدتي	5	4	3	2	1
25-	اشعر بالخجل من والدتي	1	2	3	4	5

(Walter,1993) ترجمة المؤلف، 2006.

تصحيح المقياس وتفسيره:

عدد فقرات المقياس هي (25) فقرة ويتكون من بعد واحد موجه للام ويمكن توجيهه للأب، وتتراوح العلامة بين (25-125) ويدل ارتفاع العلامة على وجود اتجاهات ايجابية لدى الطفل نحو والدته أو نحو والده.

رابعا: قائمة العلاقات الوالدية

هذه الاستبانة صممت لقياس الطريقة التي تشعر بها حول عائلتك ككل وهي ليست اختبارا ولذلك لا يوجد إجابات صح أو خطأ، اجب عن كل الفقرات بحرص ودقة بالفراغ:

الرقم	الفقرة	كل الوقت	جزء جيد من الوقت	بعض الوقت	أحيانا	ولا مرة من الأوقات
1-	أعضاء عائلتي حقيقة يهتم كل منهم بالآخر	5	4	3	2	1
2-	اعتقد أن عائلتي هي رائعة	5	4	3	2	1
3-	عائلتي تثير أعصابي	1	2	3	4	5
4-	أنا حقا استمتع بعائلتي	5	4	3	2	1
5-	يمكن حقيقة أن اعتمد على عائلتي	5	4	3	2	1
6-	أنا حقيقة غير مهتم بما يحدث في عائلتي	1	2	3	4	5
7-	أرغب لو لم أكن جزءا من هذه العائلة	1	2	3	4	5
8-	أقضي معظم وقتي مع عائلتي	5	4	3	2	1
9-	أعضاء عائلتي يجادلونني كثيرا	1	2	3	4	5
10-	هناك عدم إحساس بقربي من عائلتي	1	2	3	4	5
11-	أشعر كما لو كنت غريبا في عائلتي	1	2	3	4	5
12-	عائلتي لا تفهمني	1	2	3	4	5

5	4	3	2	1	هنـاك الكثيـر مـن الوحشـية والقسـوة في عائلتي	13-
1	2	3	4	5	أعضاء عائلتي حقا جيد كل منهم مع الآخر	14-
1	2	3	4	5	عائلتي تحترم من نعرفه	15-
5	4	3	2	1	يبـدو هنـاك قـدر كبـير مـن الاحتكـاك في عائلتي	16-
1	2	3	4	5	هناك قدر من الحب في عائلتي	17-
1	2	3	4	5	أعضاء عائلتي معظم الوقت جيدين معا	18-
5	4	3	2	1	الحياة في عائلتي بالعموم غير سارة	19-
1	2	3	4	5	عائلتي هي مفرحة بشكل كبير لي	20-
1	2	3	4	5	أشعر بالفخر من عائلتي	21-
5	4	3	2	1	تبدو العائلات الأخرى أنهم أفضل منا	22-
1	2	3	4	5	عـائلتي لـديهم إحسـاس حقيقـي بالراحـة تجاهي	23-
5	4	3	2	1	أشعر بالابتعاد عن عائلتي	24-
5	4	3	2	1	بعض أفراد الأسرة بشكل عـام مسـرورين مني ويعززونني	25-

ترجمة (المؤلف، 2006) (Walter,1993)

طريقة التصحيح والتفسير:

عدد فقرات المقياس هي (25) فقرة ويتكون من بعد واحد يعني بالعلاقات العائلية، وتتراوح العلامة بين (25-125) ويدل ارتفاع العلامة على وجود اتجاهات ايجابية لدى الطفل نحو العلاقات الوالدية، بينما العلامة المنخفضة تدل على أن العلاقات الوالدية من وجهة نظر الطفل منخفضة.

خامسا: مقياس ممارسة الإساءة الوالدية للأطفال كما يدركها الأبناء

عزيزي الطالب / عزيزتي الطالبة:

أمامكَ مجموعة من فقرات لمقياس الإساءة الوالدية، ويوضح هذا المقياس مجموعة من الأساليب التي يتبعها الوالدان في تربية أبنائهم، والمطلوب منكم قراءة كل فقرة من فقرات المقياس بوضوح، وإرفاق الإجابة عن كل فقرة بوضع إشارة (✖) بجانب كل فقرة لمعرفة درجة تعرضكم لهذه الأساليب المتبعة من قبل الوالدان.

علما بأنه لا يوجد في هذا المجال إجابة خاطئة أو صحيحة وستكون الإجابات سرية ولن يطلع عليها أحد ولن تستخدم إلا لغايات البحث العلمي.

الرقم	الفقرة	تنطبق على بدرجة كبيرة جداً	تنطبق على بدرجة كبيرة	تنطبق على بدرجة متوسطة	تنطبق على بدرجة قليلة	تنطبق على بدرجة قليلة جدا
-1	يسارع (أبي أو أمي) إلى ضربي ضرباً مبرحا عند كل خطأ أرتكبه.	5	4	3	2	1
-2	لا يهتم (أبي أو أمي) في معالجتي إذا مرضت	5	4	3	2	1
-3	يستهزئ بي(أبي أو أمي) أمام الغرباء.	5	4	3	2	1
-4	يضربني(أبي أو أمي) بعنف إذا لم أنم في الوقت المحدد.	5	4	3	2	1
-5	لا يهتم (أبي أو أمي) بشراء الملابس الجديدة لي في المناسبات رغم قدرتهم المادية.	5	4	3	2	1

الرقم	الفقرة	تنطبق علي بدرجة كبيرة جداً	تنطبق علي بدرجة كبيرة	تنطبق علي بدرجة متوسطة	تنطبق علي بدرجة قليلة	تنطبق علي بدرجة قليلة جدا
-6	لا يهتم (أبي أو أمي) بإظهار تصرفات تشعرني بحبه وحنانه	5	4	3	2	1
-7	يستخدم أبي أو أمي أساليب قاسية في معاقبتي كالحرق بأداة حادة إذا عصيت له أمرا.	5	4	3	2	1
-8	لا يتحدث معي(أبي أو أمي) كثيراً.	5	4	3	2	1
-9	يتعامل معي أبي أو أمي كأنني غريب عن الأسرة.	5	4	3	2	1
-10	يتعمد (أبي أو أمي) بضربي على رأسي إذا حصلت على علامة سيئة.	5	4	3	2	1
-11	لا يسارع (أبي أو أمي) إلى إسعافي إذا أصيبت بمكروه.	5	4	3	2	1
-12	يردد (أبي أو أمي) عبارات تنم عن رغبتيه بطردي من البيت بسبب أو بدون سبب.	5	4	3	2	1
-13	يهددني(أبي أو أمي) بالقتل عند قيامي بسلوك سيء	5	4	3	2	1
-14	لا يتابع (أبي أو أمي) بنفسه تنفيذ	5	4	3	2	1

الرقم	الفقرة	تنطبق على بدرجة كبيرة جداً	تنطبق على بدرجة كبيرة	تنطبق على بدرجة متوسطة	تنطبق على بدرجة قليلة	تنطبق على بدرجة قليلة جدا
	التعليمات المتعلقة بمواعيد ومقادير الأدوية التي يحددها الطبيب لي.					
-15	يشتمني أبي أو أمي عندما لا أطيعه أو إذا قمت بعمل لا يرضيه.	5	4	3	2	1
-16	يحاول (أبي أو أمي) خنقي عندما أرتكب خطأ.	5	4	3	2	1
-17	لا يهتم (أبي أو أمي) بمساعدتي عندما أكون بحاجة إلى المساعدة.	5	4	3	2	1
-18	يوبخني(أبي أو أمي) كلما حاولت التحدث معه في موضوع ما.	5	4	3	2	1
-19	حدث أن أصبت بالإغماء نتيجة تعرضي للضرب الشديد من قبل أبي أو أمي.	5	4	3	2	1
-20	لا يولي أبي أو أمي اهتماما بمظهري الخارجي من حيث نظافة جسمي وملابسي.	5	4	3	2	1
-21	يعتمد أبي أو أمي الصراخ بحدة عند حديثه معي.	5	4	3	2	1

-22	يهددني أبي أو أمي باستخدام السكين لمعاقبتي إذا قمت بخطأ ما في المستقبل.	5	4	3	2	1
-23	لا يحرص أبي وأمي على زيارة مدرستي للاستفسار عن أحوالي فيها.	5	4	3	2	1
-24	يقلل أبي أو أمي من قيمة أي عمل أقوم به.	5	4	3	2	1
-25	يتشدد أبي أو أمي في معاقبتي عن أي تصرف سيئ يصدر مني.	5	4	3	2	1
-26	يلح علي أبي أو أمي بترك المدرسة بالرغم من عدم حاجتهم المادية.	5	4	3	2	1
-27	يذكرني أبي أو أمي بعيوبي وفشلي أمام أصدقائي.	5	4	3	2	1
-28	يستخدم أبي أو أمي الحجارة والعصي لمعاقبتي إذا تشاجرت مع أبناء الجيران.	5	4	3	2	1
-29	يعتمد أبي أو أمي من حرماني من المشاركة بالنشاطات الاجتماعية والترويحية.	5	4	3	2	1

-30	يـردد أبي أو أمـي عـلى مسـامعي كلـمات تظهر كرههم	5	4	3	2	1
-31	حدث أن أُصبت بكسور في يـدي أو رجـلي أو بعض أسـناني نتيجـة المعاقبـة الشـديدة من قبل أبي أو أمي.	5	4	3	2	1
-32	يفرض أبي أو أمي علي القيام بـأعمال رغـم علمهما أنها فوق طاقتي وتضر بصحتي.	5	4	3	2	1
-33	يوجه أبي أو أمي لي كلمات نابية لا أطيقها.	5	4	3	2	1
-34	حدث أن ظهـرت كـدمات في بعـض أنحـاء جسمي نتيجة تعرضي لمعاقبة شديدة مـن قبل أبي أو أمي	5	4	3	2	1
-35	يجبرني أبي أو أمي على عمل أي شيء تحت أي ظرف لتحصيل النقود.	5	4	3	2	1
-36	يسخر مني أبي أو أمي عند قيامي بعمل لا يرضيه.	5	4	3	2	1
-37	لا يتوانى أبي أو أمي من ضربي بقدميه عـلى جسمي وأنحاء خطيرة من جسـمي عنـدما أخطئ.	5	4	3	2	1

-38	يحرمني أبي أو أمي من اللعب مع أصدقائي بدون مبرر.	5	4	3	2	1
-39	يحبسني أبي أو أمي في البيت عندما أرتكب خطأ	5	4	3	2	1
-40	حدث أن أُصبت بجروح نتيجة تعرضي للضرب من قبل أبي أو أمي.	5	4	3	2	1
-41	لا يهتم أبي أو أمي بنوعية الأصدقاء الذين أتعامل معهم.	5	4	3	2	1
-42	يعايرني أبي أو أمي بالآخرين ممن هم أفضل مني عندما أحصل على علامة سيئة.	5	4	3	2	1
-43	يستخدم أبي أو أمي السوط لجلدي به معاقبة لي.	5	4	3	2	1
-44	لا يكترث أبي أو أمي لأمور دراستي.	5	4	3	2	1
-45	لا يحترم أبي أو أمي مشاعري داخل البيت	5	4	3	2	1
-46	يربطني أبي أو أمي بحبل داخل المنزل عندما أُخطى أو أتراخى بأداء واجباتي.	5	4	3	2	1

-47	لا يتيح لي أبي أو أمـي المجـال للتعبـير عـن أفكاري ومشاعري.	5	4	3	2	1
-48	لا يكترث أبي أو أمي بالوفاء بما يعدني به	5	4	3	2	1

تصحيح المقياس وتفسيره:

يهدف مقياس الإساءة الوالدية إلى وصف عدد من الأساليب والممارسات التي يستخدمها الوالدان اتجاه أبنائهم حيث قامت الباحثة ببناء وبتطوير المقياس، فقد تضمن المقياس في صورته النهائية (48) فقرة، وتضمن المقياس ثلاثة أشكال للإساءة وهي الإساءة الجسدية، والنفسية، والإهمال على النحو التالي:

1- الفقرات التي تتضمن الإساءة الجسدية هي: (46،43،40،34،31،25،28،22، 16، 13،10،7،4،1).

2- الفقرات التي تتضمن الإساءة النفسية هي: (3،6،9،12،15،18،21،24،27، 36،39،42،45،48).

3- الفقرات التي تتضمن إساءة الإهمال هي:(3، 2،5،8،11،14،17،20،23،26، 35،38،41،44،47).

وبذا يكون الحد الأدنى لدرجات المفحوصون التي يأخذونها على كل بعد من أبعاد الإساءة (16) و(80) على الحد الأعلى أما المقياس ككل فقد أصبح الحد الأدنى لدرجات المفحوصون (48) و(240) للحد الأعلى.

وفي ضوء آراء المحكمين حددت درجات الإساءة لكل بعد من أبعاد الإساءة (الجسدية، والنفسية، والإهمال كالتالي: من 16 أقل من 40 قليلة، من 40 أقل من 56 متوسطة، من 56 - 80 عالية وكذلك حددت درجات المقياس ككل كالتالي: من 48 وأقل من 120 قليلة، من 120 وأقل من 168 متوسطة، من 168 - 240 عالية.

سادساً: مقياس اتجاهات الشباب نحو الزواج

Measure of Trends in the Next Couple Toward Marriage

هذا المقياس صمم من أجل التعرف على اتجاهات الشباب نحو الزواج ويطبق على الطلبة في الصفوف الثانوية، لتصحيح الاتجاهات الخاطئة، وتهيئتهم للحياة الزواجية بعد الدراسة.

صمم هذا المقياس من أجل التعرف على اتجاهات المقبلين حول الزواج ويطبق على الشباب المقبلين على الزواج، لتصحيح الاتجاهات الخاطئة، وتهيئتهم للحياة الزواجية بعد الدراسة.

ويتضمن أربعة أبعاد وهي:

1- الاتجاهات نحو الشريك The Trend Towards Partner: ويقصد به الاتجاهات والآراء والاعتقادات التي يحملها الشريك نحو الشريك الذي سيقبل على الزواج منه، وتقابله الفقرات:

1، 4، 5، 15، 17، 20

2- الاتجاهات نحو العلاقة الزوجية Trend Towards the Marital Relationship: ويقصد به طبيعة العلاقة التي يتوقعها الشريك نحو شريكه، ومدى مناسبتها في التوافق بينهما، وتقيسه الفقرات: 7، 11، 16، 18،23، 23

3- الاتجاهات نحو استقلالية الزوجين The Trend Towards Independence of the Spouses: ويقصد به ميل الزوجين نحو البقاء معا، والعيش لبعضهما معا، وعدم جعل المحيطين يعيقون من حياتهما الشخصية الخاصة، وتقيسه الفقرات: 3، 9، 10، 14، 19، 22.

4- الميل عن السعادة الزواجية Tendency Toward Marital Happiness: ويقصد به رغبة الشريك في تحقيق السعادة والرضا والراحة لشريكه وبشكل مستمر، وتقيسه الفقرات: 2، 6، 8، 12،13، 21

الرقم	الفقرة	موافق بشدة	موافق	غير متأكد	غير موافق	غير موافق بشدة
1-	أعتقد بأن شريكي سيملك القدرة على دخول مختلف مجالات الحياة جنبا إلى جنب مع شريكه الآخر	5	4	3	2	1
2-	سأكون سعيدا أكثر من الآن عندما أتزوج	5	4	3	2	1
3-	أرى أن على الوالدين فصل ابنهما عن غرفة نومهما عندما يكبر حتى يشعرا بالاستقلالية	5	4	3	2	1
4-	أعتقد بأن شريكي سيكون غير قادر على اتخاذ قرارات مصيرية دون مساعدتي	1	2	3	4	5
5-	أؤمن بأن شريكي سيكون قادرا على لعب الدور القيادي في مختلف مجالات الحياة	5	4	3	2	1
6-	أحاول الفصل بين قضية السعادة الزواجية وقضية إنجاب الأطفال	5	4	3	2	1
7-	أكره تفوق شريكي عليّ في العلاقة الزواجية	1	2	3	4	5
8-	لن أكون سعيدا إذا كان شريكي يخالف رأي باستمرار	1	2	3	4	5
9-	عندما أتزوج سنحاول الإقامة معا في بيت مستقل	5	4	3	2	1

1	2	3	4	5	أعتقد أنه يجب أن لا نترك الأطفال يؤثرون في حياتنا الزواجية واستقلاليتنا كزوجين	10-
5	4	3	2	1	سأشعر بالضيق عند ترفيع شريكي إلى منصب أعلى دون ترفيعي	11-
1	2	3	4	5	أشعر بالارتياح والسعادة عند زواجي من شخص يمتلك نفس هواياتي ويتفوق عليّ فيها	12-
1	2	3	4	5	سأبذل جهدي من أجل تحقيق نجاح زواجي في علاقتي مع شريكي	13-
5	4	3	2	1	سيكون لي عادات وتقاليد مختلفة عن تقاليد أهلي عند زواجي	14-
1	2	3	4	5	أشعر بالسرور عند إعطاء شريكي فرصة لممارسة العمل الحر	15-
1	2	3	4	5	في كل مناسبة أدعو للمساواة بين الزوجين	16-
5	4	3	2	1	أكره أن يكون شريكي هو مديري أو مسؤول عني	17-
1	2	3	4	5	سأحتفظ برأيي حفاظا على مشاعر زوجي	18-

1	2	3	4	5	على الآباء التخطيط لحياتهم بعد تـرك الأبنـاء للمنزل والبقاء لوحدهما	19-
1	2	3	4	5	أشارك في نشاطات تساعد شريكي على التفـوق في حياته ومهنته	20-
1	2	3	4	5	أنا من دعاة أن السعادة الزواجية تتحقق مـن خلال جهود الزوجين معا	21-
5	4	3	2	1	أعتقد أنه من الخطأ قضاء فتـرة بدايـة الـزواج بعيدا عن العائلة	22-
5	4	3	2	1	أعتقد أن على الرجل أن يمتلك مال زوجته وراتبها حتى يعزز الثقة بينهما	23-
1	2	3	4	5	سأكون راض عـن علاقتـي مـع الشـخص الـذي أرتبط به فلدي قدرة على التكيف مع الآخرين بسهولة	24-

طريقة التصحيح والتفسير:

عدد فقرات المقياس هي (24) فقرة وأربعة أبعاد، وتتراوح العلامة الكلية بين (24- 120) والمتوسط (72) وكلما ارتفعت العلامة عن المتوسط دل على امتلاك الفرد اتجاهات إيجابية نحو الزواج.

ملاحظة: هذا المقياس من بناء المؤلف ضمن دراسة طولية قيد البحث، حول تهيئة المقبلين على الزواج.

سابعاً: مقياس التكيف الزواجي

هذا المقياس يطبق على أولياء أمور الطلبة، من أجل تحديد مدى تكيفهم الزواجي، وتأثيره على تكيف ونجاح أبنائهم.

يرى مرسي (1991) أن التكيف الزواجي هو: قدرة كل من الزوجين على التلاؤم مع الآخر، ومع مطالب الزواج، ويستدل عليه من أساليب كل منهما في تحقيق أهدافه من الزواج، وفي مواجهة الصعوبات الزواجية، وفي التعبير عن انفعالاته ومشاعره في إشباع حاجاته عند تفاعله الزواجي.

وتذهب عبد المعطي (1991) أن التكيف الزواجي هو: وسيلة لسد الحاجات الجنسية بصورة منتظمة، ووسيلة للتعاون الاقتصادي، ووسيلة للتجاوب العاطفي بين الزوجين، والقدرة على النمو الشخصي للزوجين معا في إطار من التفاني والإيثار والاحترام والتفاهم والثقة المتبادلة، بالإضافة إلى قدرة الزوجين على تحمل مسؤوليات الزواج وحل مشكلاته الموجودة، ثم القدرة على التفاعل مع الحياة من حيث التعرف على المشكلات الجديدة، وعدم تراكمها، وتعلم أساليب لحلها.

كما أورد زايد (1993) تعريف عبد الفتاح للتكيف الزواجي حيث أشار إلى أنه شعور لدى كل من الزوجين تجاه قبول الطرف الآخر، إلى جانب قبول المحيطين أيضا. ويرى سري(1982) أن التكيف الزواجي يتضمن السعادة الزواجية والرضا الزواجي الذي يتمثل في الاختيار المناسب للزوج والاستعداد للحياة الزواجية والدخول فيها، والحب المتبادل بين الزوجين، والإشباع الجنسي، وتحمل مسؤوليات الحياة الزواجية، والقدرة على حل مشكلاتها والاستقرار الزواجي.

أورد سبانير Spanier (1976) أربعة أبعاد للتكيف الزواجي وهي:

1- الانسجام الزواجي Dyadic Consensus: ويشير إلى درجة من الاتفاق الزواجي

حول قضايا مثل التمويل العائلي، أمور التسلية والدين، فلسفة الحياة، ومهمات البيت.

2- الرضا الزواجي: Dyadic Satisfaction ويتعلق بالالتزام في الاستمرار بالعلاقة الزواجية والرضا بما يتطلبه الزواج من مهام، كما ويتصل بالطمأنينة تجاه الشريك.

3- التماسك الزواجي:Dyadic Cohesion ويشير إلى تكاتف الأزواج وتضامنهم معاً رغم التحديات التي قد تواجههم، والتعاون في انجاز الأعمال وتوزيع المسؤوليات، والمشاركة بالاهتمامات الشائعة.

4- التعبير عن المحبة والعطف: Affectional Expression ويشير إلى التعبير عن الود والحنان والعطف نحو الشريك وإقامة علاقات جنسية تستند إلى هذه المحبة.

مقياس التكيف الزواجي

The Comprehensive Marital satisfaction Scale (CMSS)
(Blum & Mehrahian, 1999)

ملاحظة: يقصد بعبارة شريك حياتي أينما وردت في المقياس زوجي إذا كانت المستجيبة الزوجة، وزوجتي إذا كان المستجيب الزوج.

الرقم	الفقرة	أوافق بدرجة مرتفعة	أوافق بدرجة بسيطة	بين الموافقة والرفض	لا أوافق بدرجة بسيطة	لا أوافق بدرجة مرتفعة
-1	أتفق مع شريك حياتي على مجالات الإنفاق المالي	5	4	3	2	1
-2	أفضل القيام بالأعمال دون مشاركة شريك حياتي	1	2	3	4	5

-3	شريك حياتي ودود ومحب لي	5	4	3	2	1
-4	أنا نادم على زواجي	1	2	3	4	5
-5	عواطف شريك حياتي نحوي قوية	5	4	3	2	1
-6	لا أحصل على الحب والود الذي أريـده مـن شريك حياتي	1	2	3	4	5
-7	أتفق وشريك حياتي عـلى اختيـار الأصـدقاء الذين نتفاعل معهم	5	4	3	2	1
-8	لـدينا مبـادئ مشـتركة عنـد النظـر لقضـايا الحياة المختلفة	5	4	3	2	1
-9	أنا غير راض عـن تعامـل شريـك حيـاتي مـع أفراد عائلتي	1	2	3	4	5
-10	لدي طموحات وأهداف مشـابهة لمـا لـدى شريك حياتي	5	4	3	2	1
-11	توجد لدي صعوبات زواجية	1	2	3	4	5
-12	أثق بشريكي	5	4	3	2	1
-13	لو لم أكن متزوجاً لاخترت شريكي الحالي	5	4	3	2	1
-14	يثير شريك حياتي أعصابي باستمرار	1	2	3	4	5

-15	يبدي شريك حياتي الاهتمام بي يومياً	5	4	3	2	1
-16	لا نتواصل أنا وشريك حياتي معاً بشكل جيد	1	2	3	4	5
-17	شريك حياتي ليس كفؤ كالأزواج الذين أعرفهم	1	2	3	4	5
-18	نسوي خلافاتنا الزوجية من خلال تفهم مطالب بعضنا البعض	5	4	3	2	1
-19	أعتبر نفسي سعيداً بزواجي	5	4	3	2	1
-20	تفتقر حياتنا الزواجية للمرح والضحك	1	2	3	4	5
-21	أشعر بالاهتمام والالتزام بشريك حياتي	5	4	3	2	1
-22	أتشاجر مع شريك حياتي بشكل متكرر	1	2	3	4	5
-23	أتفق مع شريك حياتي حول كيفية قضاء وقت الفراغ	5	4	3	2	1
-24	أتجادل مع شريك حياتي حول الشؤون المالية	1	2	3	4	5
-25	لا أتفق مع شريك حياتي حول قراراتنا الرئيسية	1	2	3	4	5
-26	أنا راض عن علاقتي مع شريك حياتي	5	4	3	2	1

-27	أختلف مع شريك حياتي حول كيفيـة إدارة المنزل	1	2	3	4	5
-28	أختلـف مـع شريـك حيـاتي في معتقـداتنا وقيمنا العامة	1	2	3	4	5
-29	أعتبر أن حياتي الزوجية ناجحة	5	4	3	2	1
-30	يضايقني في شريك حياتي عاداته	1	2	3	4	5
-31	لا يوجد انسجام كبير بيني وبين شريك حياتي	1	2	3	4	5
-32	يظهر كل منا عاطفة دافئة تجاه الآخر	5	4	3	2	1
-33	أفكر في إنهاء علاقتي الزواجية	1	2	3	4	5
-34	أتفق مع شريك حياتي عـلى طرق تعاملنـا مع أقاربنا	5	4	3	2	1
-35	شريك حياتي متفهم لي	5	4	3	2	1

(أبو أسعد،2005)

طريقة التصحيح والتفسير:

عدد فقرات المقياس (35) فقرة وتتراوح العلامة بين (35- 175) والمتوسط هو 105، والعلامة فوق المتوسط تدل على وجود مستوى مناسب من التكيف الزواجي.

ثامناً: مقياس الرضا الزواجي ENRICH Marital Satisfaction Scale

إن الرضا الزواجي نمط من أنماط التوافقات الاجتماعية التي يهدف من خلالها الفرد أن يقيم علاقات منسجمة مع قرينه في الزواج، ولكي يتحقق فعلى كل من الزوجين أن يعمل على تحقيق حاجات وإشباع رغبات الطرف الآخر، وأن يشعر بأنه حريص على سعادته وهدوئه (كفافي، 1999) ويمتاز بأنه نسبي، ونادرا ما يكون كاملا، وهو يزداد إذا كان لدى الزوجين القدرة على أن يقوم كل منهما بواجبه ومسؤولياته تجاه الآخر وتجاه الأبناء والأسرة بوجه عام، وإذا كان لدى الطرفين القدرة على التعامل مع المشكلات الداخلية والخارجية بكفاءة وإيجابية في اتجاه الحل. (الرشيدي والخليفي، 1997)

ويعتبر الرضا الزواجي أحد أبعاد التكيف الزواجي والتي ذكرها سبانير Spanier (1976) حيث أشار إلى أن هناك أربعة أبعاد للتكيف الزواجي وهي: الانسجام الزواجي Dyadic Consensus، والرضا الزواجي: Dyadic Satisfaction، والتماسك الزواجي: Dyadic Cohesion، والتعبير عن المحبة والعطف: Affectional Expression. لقد تعددت تعريفات الرضا الزواجي فقد أشار كابور Kapur إلى أنه: الحالة التي تكون فيها المشاعر عامة لدى الزوج والزوجة من السعادة والرضا في زواجهم من جهة وفي علاقتهم مع الطرف الآخر من جهة أخرى، كما أشار بال وآخرون (Bal et. Al.) إلى ارتباطه بالصحة النفسية، بينما ذكر كول ودين ارتباطه بالتبادل العاطفي، وذكر كومر وروهاتجي ارتباطه بالأمن بين الزوجين وبكشف الذات (Sinha and Mukerjee, 1990).

الرقم	الفقرة	أوافق بشدة	أوافق بدرجة قليلة	بين الموافقة والرفق	لا أوافق بدرجة قليلة	لا أوافق بدرجة شديدة
-1	أنا وشريكي نفهم بعضنا بشكل كامل	5	4	3	2	1
-2	أنا غير سعيد بالخصائص والعادات الشخصية لشريكي	1	2	3	4	5
-3	أنا سعيد جدا حول كيفية التعامل مع المسؤوليات والأدوار في الزواج	5	4	3	2	1
-4	شريكي يفهم ويقدر كافة نواحي الانفعالية	5	4	3	2	1
-5	أنا غير سعيد بطرق التواصل وأشعر أن شريكي لا يفهمني	1	2	3	4	5
-6	علاقتنا ناجحة بشكل كامل	5	4	3	2	1
-7	أنا سعيد جدا حول كيفية اتخاذ القرارات وحل المشاكل	5	4	3	2	1
-8	أنا غير سعيد حول الوضع المالي وطريقة اتخاذ القرارات المتعلقة بهذا الشأن	1	2	3	4	5
-9	لدي بعض الحاجات التي لا تستطيع علاقتنا إشباعها أو تلبيتها	1	2	3	4	5
-10	أنا سعيد جدا حول كيفية قضاء أوقات الفراغ والنشاطات معا	5	4	3	2	1

11-	أنا مسرور جدا حول طريقة تعبيرنا عن المشاعر في العلاقة الحميمية	5	4	3	2	1
12-	أنا غير راض عن الطريقة التي نتعامل فيها مع المسؤوليات كوالدين	1	2	3	4	5
13-	أنا غير نادم حول علاقتي مع شريكي ولو للحظة واحدة	1	2	3	4	5
14-	أنا غير راض عن علاقتنا مع الوالدين أو النسباء أو الأقارب أو الأصدقاء	1	2	3	4	5
15-	أشعر بالراحة حول احترام كل منا للقيم والمعتقدات الدينية التي يحملها	5	4	3	2	1

(أبو أسعد، 2007)

طريقة التصحيح والتفسير:

عدد فقرات المقياس هي (15) فقرة، وتتراوح العلامة بين (15-75) والمتوسط هو (45) وكلما ارتفعت الدرجة عن المتوسط دل ذلك على وجود رضا زواجي.

تاسعا: مقياس التفكك الأسري

التفكك الأسري:

هو ضعف الترابط الأسري نتيجة لوفاة أحد الوالدين أو كلاهما، أو حالات الانفصال بين الوالدين بسبب الهجر الطويل أو الطلاق، وكثرة الخصام الأسري بين الوالدين، ويقاس بالدرجة التي تحصل عليها المفحوصة (المنحرفة وغير المنحرفة) على أداة الدراسة.

أشكال التفكك الأسري:

يشير الأدب النفسي إلى أن التعامل الأسري يأخذ أنواعا" متعددة ومنها:

1- التفكك الجزئي: غالباً ما يتم في حالات الهجر المتقطع والانفصال المقصود حيث يعود الزوج والزوجة إلى حياتهما الأسرية، ومن المستبعد أن تستقيم حياتهما الزوجية إذ يعودان مرة ثانية للهجر والانفصال ويكون ذلك من وقت لآخر.

2- الوحدة الأسرية غير الكاملة: وتتمثل في عجز الأب أو الزوج عن أداء واجباته والتزاماته كما هي معروفة - من قبل المجتمع - وفي ضعف السيطرة الاجتماعية على الأطفال.

3- التغيرات في تعريف الدور، وغالباً ما تنتج عن التأثير المتفاوت للتغيرات الحضارية - كخروج الزوجة للعمل وتوزيع المسؤولية بين الزوج والزوجة وادعاء كل طرف بمسئوليته عن قيادة الأسرة.. الخ، صراع ما بين الآباء، أو صراع بين جميع أفراد الأسرة وظهور مشكلات التنشئة الاجتماعية للأبناء.

4- الأزمات الأسرية الناتجة عن أحداث خارجية ومنها الغياب العرضي كسجن رب الأسرة، أو إرساله في مهمات عمل بعيد عن مكان الأسرة ولمدة طويلة بحيث

يضعف دوره الموجه في الأسرة، وأحياناً بسبب الموت أو الكوارث الطبيعية التي قد تصيب أحد الزوجين وتشله عن عمله.

5- النكبات الذاتية: والتي تحدث بسبب ضعف الأدوار الرئيسية بتأثير الأمراض النفسية والعقلية البدنية وأثرها في تربية وتنشئة الأطفال وسلامة صحتهم النفسية وأثرها في الانحراف والجنوح.

6- أسرة القوقعة الفارغة: وهي أن يعيش الأفراد حقاً كأسرة ولكن اتصالاتهم ببعضهم البعض وتوزيع الأدوار بينهم تكون معدومة، أو تسود معظم علاقاتهم الشجار، واختلاف الرأي (عبد الكريم، 1988).

قام الياسين (1988) بتصنيف أنماط التفكك الأسري إلى ما يأتي:

أ- التفكك الأسري الجزئي الناتج عن حالات الانفصال والهجر المتقطع، حيث يعود الزوجان إلى الحياة الأسرية، غير أنها تبقى حياة مهددة من وقت لآخر بالهجر أو الانفصال.

ب- التفكك الأسري الكلي الناتج عن الطلاق أو الوفاة أو الانتحار أو قتل أحد الزوجين أو كليهما.

كما أن هناك تصنيف آخر للتفكك الأسري على النحو الآتي:

أ- التفكك النفسي الناتج عن حالات النزاع المستمر بين أفراد الأسرة وبخاصة الوالدين، فضلاً عن عدم احترام حقوق الآخرين والإدمان على المخدرات والكحول ولعب القمار.

ب- التفكك الاجتماعي الناتج عن الهجر أو الطلاق أو وفاة أحد الوالدين أو كليهما أو الغياب طويل الأمد لأحد الوالدين، وقد يزيد على ذلك غياب العدل في حالات تعدد الزوجات. (الخولي، 1986)

يرجى الإجابة عن كل سؤال بوضع إشارة (✖) أمام الإجابة التي تنطبق عليكِ.

أبداً	نادراً	أحياناً	غالباً	دائماً	الفقرة	الرقم
5	4	3	2	1	يهتم أهلي بمطالبي	1-
5	4	3	2	1	تهتم أسرتي بأصدقائي	2-
5	4	3	2	1	تهتم أسرتي بمشاكلي	3-
5	4	3	2	1	تهتم أسرتي بمشاعري	4-
5	4	3	2	1	أسعى جاهدا لإرضاء والدي	5-
5	4	3	2	1	يعاملني والدي كصديق	6-
5	4	3	2	1	العلاقة بين أفراد أسرتي حميمة	7-
5	4	3	2	1	تذهب أسرتي لزيارة الأقارب معاً	8-
5	4	3	2	1	يتبادل أفراد أسرتي الهدايا	9-
1	2	3	4	5	يتبادل أفراد أسرتي الشتائم	10-
1	2	3	4	5	يضرب والدي والدتي	11-
5	4	3	2	1	تحل المشاكل بطرق سلمية في الأسرة	12-
1	2	3	4	5	ارتكب أحد أفراد الأسرة مخالفات قانونية	13-
1	2	3	4	5	سبق وتركت المنزل وأقمت خارجه	14-
1	2	3	4	5	أشعر أن أسرتي غير متماسكة	15-
5	4	3	2	1	تثق أسرتي بي	16-

أبداً	نادراً	أحياناً	غالباً	دائماً	الفقرة	الرقم
1	2	3	4	5	أشعر بأنني بحاجة على عطف وتشجيع والدي	17-
1	2	3	4	5	يشتمني والدي كثيراً	18-
1	2	3	4	5	يعاقبني والدي بالضرب دون ذنب يذكر	19-
5	4	3	2	1	تراجع أسرتي دروسي	20-
1	2	3	4	5	يحدث شجار بين أفراد أسرتي	21-
1	2	3	4	5	حدث انفصال مؤقت (هجر) بين والدي	22-
1	2	3	4	5	والدتي مطلقة	23-
1	2	3	4	5	والدي يعيش بعيداً عن الأسرة	24-
1	2	3	4	5	أحد والدي يقضي عقوبة في السجن.	25-
1	2	3	4	5	ينفق والدي جزء كبير من دخل الأسرة على ملذاته الخاصة.	26-

(العمرو، 2007)

طريقة التصحيح والتفسير للمقياس:

عدد فقرات المقياس هي (26) فقرة، تتراوح العلامات بين (26-130) والمتوسط هو (78) وكلما ارتفعت العلامة دل على وجود تفكك أسري.

المـراجـع

أولاً: المراجع العربية

إبراهيم، فيوليت فؤاد. (1998) دراسات في سيكولوجية النمو (الطفولة والمراهقة)، مكتبة زهراء الشرق، القاهرة.

أبو أسعد، أحمد عبد اللطيف (2007) أثر وجود الأطفال وعددهم والمستوى الاقتصادي في الشعور بالتفاؤل والرضا الزواجي، مجلة عين شمس. العدد 31، الجزء 3.

أبو أسعد، أحمد عبد اللطيف. (2009) الحاجات الإرشادية كما يعبر عنها الطلبة وأولياء أمورهم (دراسة مقارنة)، مجلة جامعة البحرين، مقبول للنشر.

أبو أسعد، أحمد والختاتنة، سامي. (2011). يجري الباحثان دراسة بعنوان: مستوى التكامل النفسي لدى المسن وعلاقته بسلوكه الصحي وكفايته الذاتية، ولذلك فنرجو منكم التكرم بالإجابة على المقاييس التالية، علما أن هذه الدراسة مخصصة لأغراض البحث العلمي فقط.

أبو أسعد، احمد والمحاميد، شاكر. (2009). الندم الموقفي وعلاقته بالتكيف النفسي لدى عينة من طلاب وطالبات جامعة مؤتة، مجلة جامعة الملك سعود، مقبول للنشر.

أبو أسعد، أحمد عبد اللطيف. (2005) أثر التكيف الزواجي في التكيف النفسي وتلبية الحاجات النفسية لدى الأبناء، رسالة دكتوراه غير منشورة، الجامعة الأردنية، عمان.

أبو الحسن، سميرة، (1996) دراسة مقارنة لمستوى الوحدة النفسية عند المسنين المقيمين مع ذويهم والمقيمين في دور المسنين، رسالة ماجستير غير منشورة، معهد البحوث التربوي، جامعة القاهرة، القاهرة.

أبو حطب، فؤاد وزملائه. (1979) تقنين اختبار رسم الرجل في البيئة السعودية، مكة المكرمة، مطبوعات مركز البحوث التربوية والنفسي.

أبو عرقوب، إبراهيم. (1993) الاتصال الإنساني ودوره في التفاعل الاجتماعي، دار مجدلاوي، نقلا عن قاموس اوكسفورد.

أبو عيطة، سهام. استكشاف الذات للتخطيط الدراسي والمهني. الجامعة الهاشمية. الزرقاء.

أبو غزالة، هيفاء وزكريا، زهير(1991). أنا ومهنتي. برنامج في التوجيه المهني للطلبة من مرحلة رياض الأطفال إلى نهاية الصف التاسع.

أحمد، عطية سيد. (1995) مظاهر السلوك العدواني لدى عينة من المتأخرين دراسيا وأثر الإرشاد النفسي في تعديله، رسالة دكتوراه غير منشورة، كلية التربية - جامعة الزقازيق.

الأخضر، فاطمة محمد، 1989، أثر المشاركة في برنامج الإرشاد الجمعي وفي برنامج النشاط على تحسن مفهوم الذات، رسالة ماجستير غير منشورة، الجامعة الأردنية، عمان.

الأشول، عادل عز الدين. (1997) الحاجات الإرشادية للتلاميذ في فترة المراهقة، **ندوة: الإرشاد النفسي ودوره التنموي**، جامعة الكويت، كلية التربية، 1997/3/24 - 1997/3/26.

آمال صادق وفؤاد أبو حطب: علم النفس التربوي (ط4). القاهرة: الأنجلو المصرية، 1994م.

بتروفسكي، أ. ف وياروشفسكي، م. ج.(1996) معجم علم النفس المعاصر، دار العالم الجديد، القاهرة، ترجمة: حمدي عبد الجواد، عبد السلام رضوان.

بدر، إبراهيم محمود (1991). مدى فاعلية العلاج الوجودي في شفاء الفراغ الوجودي واللامبالاة اليائسة لدى الطلبة الفاشلين دراسي، رسالة دكتوراه غير منشورة، كلية التربية ببنها جامعة الزقازيق.

بدير محمد نبيه (1990) عادات الاستذكار وعلاقتها بالتحصيل الدراسي لدى طلاب وطالبات الجامعة. مجلة كلية التربية، جامعة المنصورة، العدد 14، الجزء الثاني.

بذري، علي والشناوي، محروس. (1986) المجال النفسي للضبط وعلاقته بالسلوك التوكيدي وأساليب مواجهة المشكلات، مجلة كلية التربية، جامعة أسيوط، العدد الثاني.

البستاني، المعلم بطرس (1977). محيط المحيط، قاموس مطول للغة العربية، بيروت مكتبة لبنان.

توق، محي الدين وعدس، عبد الرحمن (1984) أساسيات علم النفس التربوي. عمان: دار جون وايلي وأبنائه.

جابر، جابر عبد الحميد. (1973) مدخل لدراسة السلوك الإنساني، ط3، القاهرة: دار النهضة العربية.

جابر، جابر عبد الحميد.(1986) الشخصية: البناء، الديناميات، النمو،طرق البحث، التقويم. القاهرة: دار النهضة العربية

جبريل، موسى (1996) العلاقة بين مركز الضبط وكل من التحصيل الدراسي والتكيف النفسي لدى المراهق، مجلة دراسات، المجلد 23، العدد 2، ص358-377.

الجردي، نبيل. (1984) المدخل لعلم الاتصال، مكتبة الإمارات، ط3، الإمارات العربية المتحدة.

جلال، سعد، وآخرون. (1996) مشكلات الشباب المصري في مرحلة التعليم الثانوي، القاهرة: المركز القومي للبحوث الاجتماعية الجنائية.

الجمال، أبو العزايم، وفهيم، لطفي (1988) نظريات التعلم المعاصرة وتطبيقاتها التربوية، القاهرة: مكتبة النهضة المصرية.

الجهني، ضاحي ضحيان. (2006) تقنين قائمة نيو للشخصية لفئة الراشدين الذكور من (17-40) سنة في البيئة السعودية، رسالة ماجستير غير منشورة، جامعة مؤتة.

جيل، فوزي محمد. (2000) الصحة النفسية وسيكولوجية الشخصية. المكتبة الجامعية، الإسكندرية.

الحسين، أسماء عبد العزيز 2002) المدخل الميسر إلى الصحة النفسية والعلاج النفسي، دار عالم الكتب، السعودية.

الحسين، أسماء عبد العزيز. (2002). المدخل الميسر إلى الصحة النفسية والعلاج النفسي، دار عالم الكتب، ط1، الرياض: السعودية.

حسين، محمد عبد الهادي(2003) تربويات المخ البشري، دار الفكر، عمان: الأردن.

حمدي، نزيه (1998) علاقة مهارة حل المشكلات بالاكتئاب لدى طلبة الجامعة الأردنية، مجلة الدراسات، المجلد (25) عدد (1).

حمدي، نزيه (1998) فعالية تدريبات التحصين ضد الضغط النفسي في خفض المشكلات، بحث مقدم ضمن فعاليات الورشة العربية الثانية للعلوم النفسية، الجمعية السورية للعلوم بالتعاون مع كلية التربية بجامعة دمشق، سوريا.

حمدي، نزيه، ونظام أبو حجله، وصابر أبو طالب (1998) البناء العاملي ودلالات صدق وثبات صورة معبره لقائمة بيك للاكتئاب، مجلة دراسات، مجلد (12)، عدد (11).

حمزة، جمال.(1996). التنشئة الوالدية وشعور الأبناء بالفقدان، مجلة علم النفس، الهيئة المصرية العامة للكتاب: السنـة (10)، العدد (39)، ص 138ـ147.

الحميدات، روضة سليمان أحمد. (2007). بناء وتقنين مقياس مهارات الاتصال لدى طلبة الجامعات الأردنية. جامعة مؤتة، الكرك: الأردن.

الحوارنة، إياد نايف (2005) أثر نمط التنشئة الأسرية في النضج المهني لدى طلبة الأول الثانوي في محافظة الكرك، رسالة ماجستير غير منشورة، جامعة مؤتة.

الحواري، عيسى.(1982).تكييف مقياس هولاتد في التفضيل المهني وتطبيقه على عينة من طلبة الصف الثالث الثانوي في مدينة اربد، رسالة ماجستير غير منشورة.جامعة اليرموك اربد، الأردن.

ختاتنة، سامي. (2006). بناء برنامج لتدريب الأمهات على المهارات الحياتية و استقصاء أثره

في تحسين الكفاية الاجتماعية و مفهوم الذات ومهارات الحياة لدى أطفالهن، رسالة دكتوراه غير منشورة، جامعة عمان العربية، عمان.

الخطيب. جهاد. (1988) الشخصية بين التدعيم وعدمه. (برامج في تعديل السلوك) منشورات وزارة التربية، عمان: الأردن.

الخواجا، عبد الفتاح محمد سعيد. (203) الاختبارات والمقاييس النفسية المستخدمة في الإرشاد والعلاج النفسي، دار المستقبل للنشر والتوزيع، عمان.

الخولي، سناء (1986). الأسرة والحياة العائلية، الإسكندرية، دار المعرفة الجامعية.

داوود، نسيمه (1999) علاقة الكفاية الاجتماعية والسلوك اللاإجتماعي المدرسية أساليب التنشئة الوالدية والتحصيل الدراسي لدى عينة من طلبة الصفوف السادس والسابع والثامن، مجلة دراسات، المجلد (26) عدد(1)

الدسوقي، كمال (1976) علم النفس ودراسة التوافق، بيروت: دار النهضة العربية.

الدسوقي، كمال. (1979) النمو التربوي للطفل والمراهق، دار النهضة العربية، القاهرة.

دواني، كمال وعيد ديراني، 1983، اختبار ماسلو للشعور بالأمن، دراسة صدق للبيئة الأردنية، مجلة دراسات، المجلد (1)، عدد (2).

ديفيز، مارثا، روبنز، اليزابيث وماكاي، ماثيو.(2005)كتاب تدريبات الاسترخاء والتحرر من التوتر، ط5، مكتبة جرير، السعودية.

ديفيز وروبنز وماكاوي.(2005).معدلة عن استبان .Coping Style Questionnaire والذي وضعه جيم بويرز، مركز كابزر - بيرمينانت الطبي والأساليب الصحية، سانتا كلارا، كاليفورنيا.

دياب، مروان. (2006). دور المساندة الاجتماعية كمتغير وسيط بين الأحداث الضاغطة والصحة النفسية للمراهقين الفلسطينيين. رسالة ماجستير غير منشورة، الجامعة الإسلامية، غزة.

ذياب، فوزية (1966). القيم والعادات الاجتماعية، القاهرة: دار الكتاب العربي.

رزوق، أسعد (1979). موسوعة علم النفس. بيروت: المؤسسة العربية للدراسات والنشر.

الرشيدي، بشير صالح والخليفي إبراهيم محمد. (1997). سيكولوجية الأسرة والوالدية، الكويت: ذات السلاسل.

رضوان، سامر جميل. (1999) دراسة ميدانية لتقنين مقياس للقلق الاجتماعي على عينات سورية، جامعة دمشق- كلية التربية.

رضوان، سامر. (1997) توقعات الكفاءة الذاتية، مجلة شؤون اجتماعية، العدد الخامس والخمسون- السنة الرابعة عشرة، الشارقة، ص25-51.

الرواشدة، أسيل. (2007). علاقة الإساءة والوالدية في تطور النمو الأخلاقي لدى عينة من المراهقين في محافظة الكرك، رسالة ماجستير غير منشورة، جامعة مؤتة، الكرك.

الروسان، فاروق.(1999) أساليب القياس والتشخيص في التربية الخاصة، دار الفكر للطباعة والنشر والتوزيع، عمان.

رياض، سعد. (2005) الشخصية أنواعها أمراضها فن التعامل معها، مؤسسة اقرأ للنشر والتوزيع والترجمة، القاهرة.

الريحاني، سليمان، 1985، تطوير اختبار الأفكار العقلانية واللاعقلانية، مجلة دراسات، المجلد (12) عدد (11).

زايد، أحمد (1993) الأسرة والطفولة: دراسات اجتماعية وانثربولوجية، الطبعة الأولى. دار المعرفة الجامعية: إسكندرية.

زهران، حامد (1985) علم نفس النمو الطفولة والمراهقة. ط (5)، القاهرة: عالم الكتب.

زهران، حامد (1987) الصحة النفسية والعلاج النفسي، القاهرة: عالم الكتب.

زهران، حامد. (1977). علم نفس النمو، القاهرة عالم الكتب.

زهران، حامد عبد السلام.(1990) **علم نفس النمو**، ط5، القاهرة: عالم الكتاب.

زواوي، رنا أحمد.(1992) أثر الإرشاد الجمعي للتدريب على حل المشكلات في خفض التوتر، رسالة ماجستير غير منشورة، الجامعة الأردنية.

زيدان، السيد عبد القادر (1990) عادات الاستذكار في علاقتها بالتخصص ومستوى التحصيل الدراسي في الثانوية العامة لعينة من طلاب كلية التربية جامعة الملك سعود، بحوث المؤتمر السنوي السادس لعلم النفس في مصر، القاهرة: الجمعية المصرية للدراسات النفسية.

السرطاوي، زيدان أحمد والشخص، عبد العزيز السيد. (1998) بطارية قياس الضغوط النفسية وأساليب المواجهة والاحتياجات لأولياء أمور المعوقين، دار الكتاب الجامعي، العين: الإمارات العربية المتحدة.

سري، إجلال محمد. (1982) التوافق النفسي للمدرسات المتزوجات والمطلقات وعلاقته ببعض مظاهر الشخصية، رسالة دكتوراه غير منشورة، جامعة عين شمس، القاهرة، مصر.

السفاسفة، محمد إبراهيم. (1993) استقصاء مدى فعالية نموذجين في اتخاذ القرار المهني لدى طلبة الصف الثاني الثانوي الأكاديمي في محافظة الكرك، رسالة ماجستير غير منشورة، جامعة مؤتة، الكرك، الأردن.

سكر، ناهدة. (2003) الاختبارات والمقاييس النفسية والتربوية، دار المناهج للنشر والتوزيع. عمان.

سلامة، سهيل. (1988) إدارة الوقت منهج متطور للنجاح، المنظومة العربية للعلوم الإدارية، عمان.

سيباني، خليل. (1998) إدارة الوقت، موسوعة رجل الأعمال الناجح، دار الكتب الجامعية، بيروت.

شارلو شيفر، هوارد سليمان(1996) مشكلات الأطفال، ترجمة د.نسمة داود، د.نزيه حمدي، عمان، ط: ٢، ص: ٤٣٢.

شبكة العلوم النفسية العربية. (2003) Reserved WebPsySoftArab Company ,Arabpsynet. All Rights

الشرعة، حسين. (1998). علاقة مستوى الطموح والجنس بالنضج المهني لدى طلبة الصف الثاني الثانوي، مؤتة للبحوث والدراسات، عمادة الدراسات العليا، جامعة مؤتة، الأردن، المجلد (13)، العدد (5)، ص 11 - 33.

الشرعة، حسين.(1993).مدى توافق الميول المهنية المقاسة لطلبة المرحلة الجامعية مع تخصصاتهم الأكاديمية، مجلة أبحاث اليرموك، (3) 9، 273-275.

الشرقاوي، حسن (1984). نحو علم نفس إسلامي، الإسكندرية: مؤسسة شباب الجامعة.

الشناوي، محمد محروس (1996) العملية الإرشادية، دار غريب.القاهرة: مصر.

شهاب، محمد يوسف.(1992) أنماط الشخصية وعلاقتها بالتفضيلات المهنية لدى طلاب الصف العاشر، رسالة ماجستير غير منشورة.الجامعة الأردنية. عمان.

الشوارب، أسيل أكرم سلامة(1996) المشكلات السلوكية والانفعالية لأطفال المستوى التمهيدي في رياض الأطفال التابعة لمراكز صندوق الملكة علياء للعمل الاجتماعي التطوعي، رسالة ماجستير غير منشورة، جامعة مؤتة، الكرك.

الشوبكي، نايفة حمدان. (1991) تأثير برنامج في الإرشاد المعرفي على قلق الامتحان لدى عينة من طلبة المرحلة الثانوية في مدينة عمان، رسالة ماجستير غير منشورة، الجامعة الأردنية، عمان.

صالح، أحمد زكي (1972) علم النفس التربوي، ج12، مكتبة النهضة المصرية، القاهرة.

الصمادي، أحمد. (1991) مقياس اتجاهات الشباب نحو الزواج، مجلة أبحاث اليرموك سلسلة العلوم الإنسانية والاجتماعية، المجلد7، العدد3، ص 93-129.

الطواب، سيد. (1995). النمو الإنساني أسسه وتطبيقاته، دار المعرفة الجامعية: القاهرة.

عبد الخالق أحمد محمد (2000). التفاؤل والتشاؤم: عرض لدراسات عربية، مجلة علم النفس، العدد56، السنة14،ص ص6-27. الهيئة المصرية العامة للكتاب. مصر.

عبد الخالق، أحمد، (1996). قياس الشخصية، الكويت: لجنة التأليف والتعريب والنشر.

عبد الخالق، أحمد محمد.(1987). مقياس قلق الموت، العدد 111، سلسلة دار المعرفة، مارس.

عبد الرحمن، محمد السيد، والمغربي، ماهر مصطفى (1990) أساليب المعاملة الوالدية كما يدركها العصابيون والذهانيون والأسوياء، مجلة الزقازيق، جامعة الزقازيق).

عبد الرحمن، محمد السيد (1991) المهارات الاجتماعية وعلاقتها بالاكتئاب واليأس لدى الأطفال، مجلة كلية التربية بطنطا، العدد الثالث عشر، 241- 300.

عبد الشافي أحمد سيد رحاب(1997) فعالية برنامج مقترح لتنمية المهارات الإملائية اللازمة لتلاميذ الحلقة الثانية من التعليم الأساسي لدى طلاب كلية التربية (قسم اللغة العربية). المجلة التربوية، كلية التربية بسوهاج، جامعة جنوب الوادي، العدد الثاني عشر، الجزء الأول، يناير.

عبد القوي، سامي. (1995) علم النفس الفسيولوجي، ط2، القاهرة: مكتبة النهضة المصرية.

عبد الكافي، إسماعيل. (2001) اختبارات الذكاء والشخصية، الإسكندرية: مركز الإسكندرية للكتاب.

عبد الكريم، ناهد (1988). الاضطرابات الأسرية وأثرها الاجتماعية، مجلة الشرطة، أبو ظبي، عدد 212 آب، ص 99-110.

عبد المعطي، سوزان محمد إسماعيل (1991) توقعات الشباب قبل الزواج وبعده وعلاقتها بالتوافق الزواجي (دراسة ميدانية)، رسالة ماجستير غير منشورة، جامعة عين شمس، القاهرة، مصر.

العبيسات، صلاح. (2009). فعالية برنامج إرشادي مستند إلى العلاج المتمركز حول الشخص

لتحسين التكيف لدى الطلبة المهملين، رسالة ماجستير غير منشورة، جامعة مؤتة، الكرك.

العتيق، عبد العزيز. (2010). فعالية برنامج إرشادي مستند إلى العلاج السلوكي المعرفي في خفض الحساسية الزائدة للنقد لدى المراهقين، رسالة ماجستير غير منشورة، جامعة مؤتة، الكرك.

عثمان، فاروق السيد ورزق، محمد عبد السميع. (2001) الذكاء الانفعالي مفهومه وقياسه، مجلة علم النفس، ابريل مايو.

العديلي، ناصر. (1994) إدارة الوقت دليل للنجاح والفعالية في إدارة الوقت، مطبعة مرار، المملكة العربية السعودية، وزارة الإعلام.

عسكر، علي. (2000) ضغوط الحياة وأساليب مواجهتها، الصحة النفسية والبدنية في عصر التوتر والقلق، ط2، دار الكتاب الحديث، الكويت.

عطا، محمود، (1993). النمو الإنساني - الطفولة والمراهقة، ط2، دار الخريجي للنشر.

العطوي، ضيف الله. (2006). أثر نمط التنشئة الأسرية في تقدير الذات لدى طلبة المرحلة الثانوية في مدينة تبوك، رسالة ماجستير غير منشورة، جامعة مؤتة، الكرك.

عطية، نعيم. (1982) ذكاء الأطفال من خلال الرسوم، بيروت. دار الطليعة.

علي بن عيسى.(1425 هـ). تمرين فن الإنصات، الحوار في التربية والتعليم.

علي بن عيسى. (1425هـ). تمرين الحوار الفعال، الحوار في التربية والتعليم.

علي، عمر. (1999). مقياس (ض- ن –م) الضغوط النفسية المدرسية، جامعة عين شمس، معهد الدراسات العليا للطفولة، قسم الدراسات النفسية والاجتماعية

عليان، خليل و كيلاني، عبد الله، زيد (1988). الخصائص السيكومترية لصورة معربة ومعدلة للبيئة الأردنية من مقياس وكسلر لذكاء الأطفال، مجلة دراسات الجامعة الأردنية مجلد (18).

العمايرة، أحمد عبد الكريم. (1991) فعالية برنامج تدريبي على المهارات الاجتماعية في خفض السلوك العدواني لدى طلبة الصفوف الابتدائية، رسالة ماجستير غير منشورة، الجامعة الأردنية.

العمرو، نادية. (2007). التفكك الأسري وعلاقته بانحراف الفتيات في الأردن:- دراسة مقارنة بين الفتيات المنحرفات وغير المنحرفات، رسالة ماجستير غير منشورة، جامعة مؤتة، الكرك.

عيسى، محمد رفيق (1984). توضيح القيم أم تصحيح القيم، الكويت: ندوة علم النفس التربوي - مؤسسة الكويت للتقدم العلمي.

غنيم، سيد محمد(1972) سيكولوجية الشخصية، القاهرة: دار النهضة العربية.

الفار، عبير وديع(1986) العلاقة بين الرضا الوظيفي وسمات الشخصية عند المرشدين التربويين، رسالة ماجستير غير منشورة، الجامعة الأردنية، عمان.

فرج، صفوت وإبراهيم، هبة.(1996) البنية السيكومترية والعاملية لمقياس تنسي لمفهوم الذات، جامعة الكويت وجامعة المنيا.

الفرح، عدنان والعتوم، عدنان. (1999) بناء مقياس نمط السلوك (أ)، أبحاث اليرموك، سلسلة العلوم الإنسانية والاجتماعية، المجلد 15، العدد3، ص29-40.

قاسم، جميل. (2008) فعالية برنامج إرشادي لتنمية المسؤولية الاجتماعية لدى طلاب المرحلة الثانوية. رسالة ماجستير غير منشورة، الجامعة الإسلامية، غزة.

قبلان، بسام محمود. (1995) بناء مقياس للكشف عن الطلبة الموهوبين في نهاية المرحلة الإلزامية (الثامن، التاسع، العاشر)، رسالة ماجستير غير منشورة، الجامعة الأردنية.

القرشي، عبد الفتاح. (1997) تقدير الصدق والثبات للصورة العربية لقائمة حالة وسمة الغضب والتعبير عنه لسبيلبرجير، مجلة علم النفس، 43، 74-88.

245

قشقوش، إبراهيم.(1988) مقياس الإحساس بالوحدة النفسية لطلاب الجامعات، كراسة التعليمات، القاهرة: مكتبة الأنجلو المصرية.

القعيد، إبراهيم بن حمد.(بلا تاريخ) العادات العشر للشخصية الناجحة، دار المعرفة للتنمية البشرية الرياض.

كباتيلو، زياد صلاح الدين.(1978).اشتقاق معايير أردنية محلية لاختبار رسم الرجل على عينة من الأطفال الأردنيين، رسالة ماجستير غير منشورة، الجامعة الأردنية.

كفافي، علاء الدين (1999) الإرشاد والعلاج النفسي الأسري. القاهرة: حورس للطباعة والنشر.

كلير أوستن.(بلا تاريخ) مهارات تفعيل وتنظيم الوقت - سلسلة تعلم خلال أسبوع، الدار العربية للعلوم

لابين، دالاس وبيرن جرين. (1981) مفهوم الذات، أسسه النظرية والتطبيقية، ترجمة فوزي بهلول، بيروت، دار النهضة العربية.

لندري، ج وهوك، ك(1978) نظريات الشخصية، ترجمة فرج أحمد فرج وآخرون، القاهرة: الهيئة المصرية للكتاب.

المجالي، أميرة. (2005). أثر استخدام برنامج تعزيز رمزي في خفض سلوك النشاط الزائد لدى طلبة الصف الأول الأساسي، رسالة ماجستير غير منشورة، جامعة مؤتة، الكرك.

محمود، ميسر ياسين.(1999) الميول المهنية وعلاقتها بالجنس والتخصص والنضج المهني لدى طلبة الصف الثاني الثانوي الأكاديمي، رسالة ماجستير غير منشورة، الجامعة الأردنية، عمان، الأردن.

مرسي، كمال إبراهيم (1991) العلاقة الزواجية والصحة النفسية في الإسلام وعلم النفس، دار القلم: الكويت.

مرعي، توفيق وبلقيس، أحمد (1984). الميسر في علم النفس الاجتماعي، ط2، عمان: دار الفرقان للنشر والتوزيع.

مسمار، إيناس بشير. (1993) أثر برنامج إرشاد جمعي تدريبي في تنظيم الوقت على مهارة تنظيم الوقت والتحصيل لدى طالبات الأول الثانوي في مديرية عمان الثانية، رسالة ماجستير غير منشورة، الجامعة الأردنية، عمان.

مشروع المنار دليل تطوير الوعي المهني (1997)، المركز الوطني لتنمية الموارد البشرية، عمان: الأردن

المصري، أناس رمضان، 1994، فاعلية برنامج إرشاد جمعي في خفض سلوك العزلة لدى طالبات المراهقة الوسطى، رسالة ماجستير غير منشورة، الجامعة الأردنية، عمان.

المصري، حسني أمين198(6) الوفاء بالعهد في القرآن.

مصطفى، ناجية أمني علي.(2001) مدى فاعلية برنامج إرشادي في تخفيض حدة سلوك التمرد لدى بعض طالبات المرحلة الثانوية، رسالة جامعية غير منشورة، جامعة عين شمس.

المعايطة، خليل عبد الرحمن (2000). علم النفس الاجتماعي، عمان: دار الفكر للطباعة والنشر.

المينزل، عبد الله فلاح (1991) مشكلات المراهقين وعلاقتها بمتغيري العمر والجنس، دراسات المجلد، 300أ) العدد1.

نزال، كمال. (2005) مدى ملائمة الميول المهنية للتخصصات التي التحق بها طلبة الصف الأول الثانوي، رسالة دكتوراه غير منشورة، الجامعة الأردنية عمان.

الهابط، محمد السيد. (1989) التكيف والصحة النفسية (ص3) المكتب الجامعي الحديث، القاهرة.

وحيد، أحمد عبد اللطيف (2001) علم النفس الاجتماعي، عمان: دار المسيرة للنشر والتوزيع.

وفاء، سعد حلمي. (1986). استراتيجيات حل المسائل الرياضية عند طلبة الصف الأول ثانوي وأثر التحصيل ومستوى التفكير والجنس عليها، رسالة ماجستير غير منشورة، الجامعة الأردنية عمان.

الوقفي، راضي. (1996) الاستراتيجيات التعليمية في الصعوبات التعليمية، كلية الأميرة ثروت، مركز صعوبات التعلم.

ياسر، سالم. (1988) دراسة تطوير اختبار لتشخيص صعوبات التعلم لدى التلاميذ الأردنيين في المرحلة الابتدائية، دراسات، المجلد الخامس عشر، العدد الثامن.

الياسين، جعفر (1988). اثر التفكك العائلي في جنوح الأحداث، بيروت: عالم المعرفة.

يوسف، سيد. سلسلة المقاييس النفسية، المقياس النفسي لإدمان الانترنت

http://sayed-yusuf00.maktoobblog.com/?post=333627

يوسف، سيد. سلسلة المقاييس النفسية، المقياس النفسي للصحة النفسية

http://www.maktoobblog.com/sayed_yus ...735&post=13189

ثانياً: المراجع الأجنبية

Ackerman, P. and Eggested, E. (1997). Intelligence, Personality and Interest: Evidence for overlapping traits. Psychological Bulletin, 121,219-245.

Allen, Mike. Preiss. Raymond W. Gale., Barbara Mae and Burrell,

Allport, G.W. (1961). Becoming: Basic Considerations for a psychology of personality. New Haven: Yale university press.

Allport, G. W., Venom, P.E., & Lindzey, G. (1960).Study of Values. Haughton Miffin Company.

Armstrong, Thomas (1994) Multiple Intelligences: Seven Ways to Approach Curriculum", Educational leadership, November.

Atkinson, M. & Hornby, G. (2002). Mental Health Handbook for Schools. London: Routledge Falmer.

Bandura, A. (1977).Self-efficacy: Toward a unifying theory of behavioral change. Psychological Review. 84, 191-215

Bandura, A.(1979). Sozial-kognitive Lerntheorie. Stuttgart. Klett.

Beck, A.T., & Steer, R.A. (1974) Beck Hopelessness Scale, manual. New York: Harcourt Brace Jovanovich.

Beck, A.T. (1991). Cognitive therapy: A 30-year retrospective. American Psychologist, 46, 168-175.

Betz, N.E. and Voyten, K.K. (1997).Efficacy and outcome expectation influence career exploration and decidedness. Career Development Quarterly.46, 179-189.

Blum, J.S., Mehrahian, A. (1999).Personality and Temperament Correlates of Marital Satisfaction. Journal of Personality, 67, 93-125.

Bransfont, J., and B.Stein. (1984).The Ideal Problem Solving, New York, W.H.Freeman,11-13.

Buss, A.H. (1980) self-Consciousness and Social Anxiety: San Francisco: Freeman.

Chandler, et al. (1958) Successful Adjustment in College, 2nd Ed, Englewood cliffs, N.Y. Prentice-Hall.

Chipongian, Lisa, (2000) Multiple Intelligences in the Classroom, Brain Connection News Letter, May.

Corinsi. (1987).Encyclopedia of Psychology. New York: John Wiley and Sons.

Corey, Gerald.(2001). Theory and Practice of Counseling and Psychology,N.Y: B rooks/Cole publishing com.

Cottrell, S. (1999) the study skills handbook. London: Macmillan press Ltd

Cutrona, C. (1982). Transition to College: Loneliness and the Process of Social Adjustment. In Peoplau and Perlman (Eds).

Dawis. (1991). Vocational Interests Values, and Preference, in: Dunnette, M. & Hough, L(ED) Handbook of Industrial & Organizational

Dehn, N. & Schank, R. C. (1982). Artificial and Human Intelligence. In R. Stermberg (Ed.), Handbook of Human Intelligence (Vol. I, pp 352-391), New York: Cambridge University Press. Psychology 2nd Ed. Vo 1.2, Consulting psychologists Press, PP. 833-869.

Drever, J. (1961) Dictionary of Psychology. London: Penguin Books. Loneliness: A Source Book of Current Theory, Research and Therapy (pp.291-309). New York: Wiley.

Ellis, A. (1962). Reason and Emotion in Psychotherapy. New York: Lyle Stuart.

Feldman, R. (1989).Adjustment: Applying Psychology to a complex world. New York: McGraw-Hill.

Freedman, Daniel, et Al. (1972).Modern Synopsis of Psychiatry, the Williams Co., N.Y. P131.

Gardner, H. (1983). Frames of Mind. New York: Basic Books. Hanson. E. Simon. (2000) a New Approach to Learning: The Theory of Multiple Intelligences, Brain Connection News Letter, and May.

Gibbs, J. et al., (1992). Social Reflection Measure- Short Form (SRM-SF), (Arabic Version for Man)

Girdano, D., Everly, G., & Dusen, D. (1997). Controlling stress and Tension (5 the Ed). Boston: Allyn and Bacon.

Graham, K.G. & Robinson, H. (1989) Study skills handbook: A guide for all teacher. New York: International Reading Association.

Hadfield,J.A.(1952).Psychology and Mental Health. George Allen and Unwintltd, London.

Harris, D.B. (1963).Goodenough-Harris Drawing Test.Harcourt, Brace and World, Inc.

Heppner, P. (1982) the Development and Implications of Personal Problem Solving Inventory. Journal of Counseling and Psychology, 29(1).

Hetherington, E and Parke, R. (1993). Child Psychology: a Contemporary View Point. McGraw- Hill Book Company: New York.

Holland, J.L. (1965) Holland Vocational Preference Inventory.John L. Holland.

Holland, J.L. (1997).Making Vocational Choices: A theory of Vocational Personalities and Work environments (3rd Ed.).Odessa, FL: Psychological Assessment Resources.

James, W. (1890). The principles of psychology. New York: Holt Rinehart & Winston. Vol. 1.

Jennings, J.R., & Choi, S. (1981).Type A Component and psycholopsyiological responses to an attention demanding performance task. Psychosomatic Medicine, 43,475-488.

Kelley, Colleen.(1979). Assertion Training: A Facilitators Guide International Author, California: University.

Krampen, G. (1989).Diagnostik von Attributionen und Kontrollueberzeugungen. Goettingen. Hogrefe.

Krisen, O. (Ed.). (1972). Mental Measurements Yearbook. Buros Institute of Mental Measurements Yearbook. 7th Ed.

La Guardia, J.G., Ryan, R.M., Coucnman, C.E., & Deci. E.L. (2000). Within-person Variation in Security of Attachment: A Self-determination theory perspective on attachment, need fulfillment, and well-being. Journal of Personality and Social Psychology, Vol 79, P 367-384.

Luthans,F.(1992). Organizational Behavior (6 th Ed.) New York: Mac-Graw-Hill.Inc.

Mann, Michael (1987). Encyclopedia of Sociology. London: Macmillan Press.

Margraf, J. & Rudolf, K. (1999). Angst in sozialen Situationen: Das Konzept der Sozialphobie. In Margraf, J. & Rudolf, K. (Hrsg). Soziale Kompetenz Soziale Phobie. Hohengehren. Germany. Schneider Vera. pp. 3-24.

Marks, I.M. (1987). Fears, phobias, and rituals. Panic, anxiety, and their disorders. New York: Oxford University Press.

Mar land, S.P. Jr. (1971). Education for the Gifted and Talents: Volume 1. Washington D.C: V.S. Government Printing Offices.

Mehrens, William A. (1975). Measurement and Evaluation in Education and Psychology, 2nd. Ed., Rinehart and Winston, New York.

Mruk, C. (1995). Self-esteem: Research, theory, and practice, New York: Springer.

Muchinsky, P.M. (1994). The Influence of Life Experiences on Vocational Interests and Choices. InG.S. Stokes, M. Mum ford, and W.A. Owenes, (Eds.),.The biodata handbook: Theory, Research, and Applications. Palo, Alto, and CA: Counseling Psychology Press.

Nancy, A. (2002). Interpersonal Communication Research, Lawrence Erlbaum Associates, Publishers Mahwah, New Jerey, London.

Oltmanns, T.F &Emery, R.E (1998): Abnormal Psychology.NJ: Prentice-Hall.

Osipow, Samula. (1983). Theories of Career Development. Applenta Centaury Crafts: New York.

Osipow, S. (1999) An Assessing Career Indecision. Journal of Vocational Behavior.55 (2), 147-154.

Patterson, C.H. (1980) Theories of counseling and psychotherapy: New York: Harper& Row.

Peplou, L. & Perlman, D. (1981).Towards A Social psychology Of Loneliness. In R.Gilmor &S. Duck, (Eds.), Personal Relationships, London: Academic Press.

Perris, C.,L. Jacobsson, H. Lindtrom, L. Von Knorrving & H. Perris. (1980) Development of a new Inventory for assessing memories of Parental Raring Behavior. Acta Psychiatry Scand, 61:265-274.

Pervin, L. A. (1987).Persoenlichkeitstheorien. Muenchen. Basel: E. Reinhardt.

Porteous, M.A. (1985) Development Aspects of Adolescent Problem, Disclosure in England and Ireland, Journal of Child Psychology and Psychiatry, 26, 465-478.

Renzulli. J & Reiss, S (1985) the School Wide Enrichment Model. Creative Learning Press, Connecticut.

Rimm & Masters.(1979).Behavior Therapy Techniques and Empirical Findings, New York: Acadmic Press.

Roeder, B. & Maragraff, J. (1999). Kognitive Verzerrung bei sozial aengstlichen Personen. In Margraf, J. & Rudolf, K. (Hrsg). Soziale Kompetenz Soziale Phobie. Hohengehren. Germany. Schneider Verlag. pp. 61-71.

Rosenberg, M. (1965). And the adolescent self-image, Princeton, NJ: Princeton University Press.

Schwarzer, R.(1990). Gesundheitspsychologie: Einfuehrung in das Theam. In R. Schwarzer, (Hrsg.), Gesundheitspsychologie, 3-23. Goettingen: Hogrefe.

Schwarzer, R.(1994).Optimistische Kompetenzerwartung: zur Erfassung einer personellen Bewaeltigungsressource. Dignostika. Heft 2, 40, 105-123. Goettingen.

Segerstrom, S.C., Taylor, S.E., Kemeny, M.E., & Fahey, J.L. (1998). Optimism is associated with mood, coping, and immune change in response to stress. Journal of Personality & Social Psychology. 74, 1646-1655.

Spielberger, C.D. (1988) state-Trait Anger Expression on (AX) scale. Odessa, FL: Psychological Assessment Resources.

Sinha, S.P., and Mukerjee, Neelima. (1990). Marital Adjustment and Space Orientation. The Journal of social psychology. 130 (5). 633-639..

Spanier, G.B. (1976).Measuring Dyadic Adjustment: New Scales for Assessing the Quality of Marriage and Other Dyads. Journal of Marriage and the Family, 30, 15-28

Stangier, U. & Heidenreich, T. (1999) Die Soziale Phobie aus kognitiv- bihavioraler Perspective. In Margraf, J. & Rudolf, K. (Hrsg). Soziale Kompetenz Soziale Phobie.Hohengehren. Germany. Schneider Verlag.. 40-60.

Steven, L. McMurtry. (1994). Client Satisfaction Inventory.

Supper, D. (1988). Vocational Adjustment: Implementing Soft Concept. The career Development Quarterly, 36. 357-391.

Swanson, J, and Woitke, M. (1997) Theory into Practice Interventions Regarding Perceived Career Barriers.Journal of Career Assessment.5, 443-462.

Torrance, E. Paul. (1965). Mental Health and Constructive Behavior.Wads Worth Publishing.Co. Inc., Belmonts Califotnia.

Tracey, T. (2001).The Development of Structure of Interests in Children: Setting the Stage. Journal of Vocational Behavior.59 (3), 89-104.

Truch, S. (1980).Teacher Burnout Nomato, CA: Academic Therapy Publications.

Walter. W.Hudson. (1993). Childs Attitude toward Mother. (CAM)

Wiess, R. (1973).loneliness: The Experience of Emotional and Social Isolation. Cambridge, Ma: MIT Press.

Wilkinson, L. (1997).Generalizable Bio data? An Application to the Vocational Interests of Managers. Journal of Occupational and Organizational Psychology.70 (3), 49-60.

Willams, J. (1988) a structured interview guide for the Hamilton Depression Rating Scale. Arch. Gen. Psychiatry, 45. 472-747.

Wright, L. (1988) the type A Behavior pattern and coronary artery disease. American Psychologist, 43(1), 2-14.

Woolfolk, A. (2001).Educational Psychology's (Sth Ed.). Needham Heights, MA: Allyn& Bacon

Zimbardo, P.G. (1986) the Stratford Shyness Project. In W.H. Jones, J.M. Cheek& S.R. Briggs (Eds.) shyness prospective on research and treatment. New York: Plenum Press, 17-26.